Burkhard Günther

Regelbrüchen kompetent begegnen

Gründe – Maßnahmen – Prävention

Der Autor

Burkhard Günther hat langjährige Erfahrung als Studienrat an Berliner Brennpunktschulen sowie in der Fort- und Weiterbildung von Lehrerinnen und Lehrern in den Bereichen Klassenmanagement, Gewaltprävention, Mobbing und Mediation.
Er ist Autor mehrerer Fachbücher, hält Vorträge, coacht Lehrkräfte und berät Schulen.
www.burkhard-guenther.de

1. Auflage 2023

AAP Lehrerwelt GmbH
Veritaskai 3
21079 Hamburg
Telefon: +49 (0) 40325083-040
E-Mail: info@lehrerwelt.de
Geschäftsführung: Christian Glaser
USt-ID: DE 173 77 61 42
Register: AG Hamburg HRB/126335

Autorschaft:	Burkhard Günther
Covergestaltung:	TSA&B Werbeagentur GmbH, Hamburg
Coverillustration:	Julia Flasche
Illustrationen:	Julia Flasche
Satz:	L101 Mediengestaltung, Fürstenwalde
Druck und Bindung:	Druckerei Joh. Walch GmbH & Co. KG, Augsburg

ISBN: 978-3-403-21088-7

www.persen.de

Inhaltsverzeichnis

Vorwort

Liebe Kollegin, lieber Kollege,

Regelbrüche durch Schülerinnen und Schüler gehören zum normalen Schulbetrieb einfach dazu. Diese Überzeugung sollte bei allen Lehrkräften etabliert sein. Nichtsdestotrotz: Regelbrüche kosten immens viel Zeit und Kraft und Lehrkräfte kommen demzufolge immer seltener zur eigentlichen Facharbeit.
Als Lehrkraft verfügen Sie sicherlich über einige effektive Interventionsmittel, aber vielleicht haben Sie auch schon festgestellt, dass Ihnen für die eine oder andere Situation das passende Handwerkszeug fehlt und die Ergebnisse frustrierend waren. Vielleicht ist es Ihnen auch schon passiert, dass Sie unbewusst und unvorbereitet in Regelbrüche hineingeschliddert sind und plötzlich sehr emotional – eventuell unangemessen – reagiert haben. Dadurch haben Sie sich vielleicht selbst weitere Baustellen im Unterricht kreiert und Ihre eigene Autorität untergraben.

Weil sich Regelbrüche durch Schülerinnen und Schüler auf sehr verschiedene Weisen zeigen und immer einen konkreten Hintergrund haben, braucht man für eine konstruktive und effiziente Bearbeitung ein hohes Maß an Flexibilität und Wissen über adäquate Interventionsmöglichkeiten ebenso wie ein Gespür für die Kinder und deren Bedürfnisse. Mit dem passenden Mindset und den entsprechenden Interventionsstrategien, die Sie in diesem Buch kennenlernen, lassen sich Regelbrüche meist gelassen und konstruktiv bearbeiten.

Ein Patentrezept gegen Regelbrüche gibt es nicht – aber das Reflektieren bestimmter Faktoren beim Umgang mit Regelbrüchen lohnt, um sich professioneller aufstellen zu können. Denn jede Lehrkraft sollte bei Regelbrüchen eine geeignete Antwort finden. Und die Antwort sollte zum Wohle der Kinder stets gekonnt-angemessen, professionell und kompetent erfolgen.

Richtig zu intervenieren, will auch deshalb gelernt sein, weil sehr viele verschiedene Einflussfaktoren eine Rolle spielen: Die eigene Einstellung und Haltung von Lehrkräften, deren Mindset, was Schule und Schulkinder anbelangt, das eigene Rollenverständnis, die emotionale Befindlichkeit sowie die Tagesform sind nur einige Faktoren, die es zu berücksichtigen gilt. Denn auch Sie als Lehrkraft können auf sehr verschiedene Weise Auslöser für Regelbrüche sein. Deshalb lohnt ein Blick hinter die eigenen Kulissen, die eigene Konfliktbiografie und das eigene Mindset.

Wie Lehrkräfte angemessen und konstruktiv auf Regelbrüche reagieren können und wie es besser gelingen kann, nicht regelkonformes Verhalten von Schülerinnen und Schülern in konstruktive Bahnen zu lenken, ohne dabei rein emotional zu reagieren, erfahren Sie in diesem Buch. Außerdem zeigt es Ihnen Möglichkeiten, Regelbrüchen präventiv vorzusorgen, sie als Chance zu begreifen und sie für alle zum Vorteil zu nutzen.

Mit den folgenden Tipps und Erklärungen werden auch Sie mit der entsprechenden Einstellung seltener in belastende pädagogische Situationen geraten. Wenn doch, dann haben Sie auf alle Fälle passgenaue Antworten in Form adäquater Interventionsstrategien zur Verfügung.

Gutes Gelingen wünscht Ihnen

Burkhard Günther

Ausgangslage an Grundschulen

Weder Grundschulkinder noch Lehrkräfte geben ihre Gefühle, Bedürfnisse und Wünsche am Schultor ab, sondern tragen sie in die Klasse hinein. Auch können Kinder ihre Gefühle abhängig von der Altersstufe meist (noch) nicht so managen, wie Sie als Lehrkraft dazu imstande sind. So kommt es gerade in einer Zwangsgemeinschaft wie der Schule immer wieder zu Regelbrüchen und Konflikten.

Regelkonformer Unterricht ist eine Fiktion

Natürlich sehnt sich jede und jeder in der Klasse – Lehrkräfte wie Kinder – danach, in einem möglichst konfliktfreien und harmonischen Miteinander arbeiten und lernen zu können. Dass es in der Klasse immer regelgerecht abläuft, ist und wird immer ein frommer Wunsch, eine Fiktion bleiben. Denn dazu konkurrieren in einer Klasse viel zu viele individuelle Interessen, Bedürfnisse und Wünsche miteinander, die es in pädagogischen Prozessen immer wieder neu zu verhandeln, abzugleichen und in Einklang zu bringen gilt.

Je bunter der Strauß an Wünschen und Begehrlichkeiten, desto anspruchsvoller wird die Moderation durch die Lehrkraft ausfallen. Insofern bedarf es vieler sozialer Kompetenzen aufseiten von Lehrkräften und Kindern, um ein sozialverträgliches Miteinander zu kreieren.

Gerade Grundschulkinder sind noch sehr entwicklungsfähig. Ihnen fehlen aber häufig noch die nötigen sozialen Kompetenzen, weil ihre individuelle Entwicklung deren Ausbildung teilweise noch gar nicht zulässt.

Ziel der Regelarbeit

Dennoch sollten für alle die von Dan Olweus formulierten, fundamentalen demokratischen Grundsätze an Schulen gelten: Jede / Jeder Einzelne sollte das Recht haben, frei von Bedrängnis und wiederholter absichtlicher Erniedrigung sowohl in der Schule als auch in der Gesellschaft überhaupt zu leben.[1] Das heißt, der Lernraum Schule muss durch Regeln garantieren, dass alle sich frei von Angst in der Schule so ausprobieren können, dass sie ihre individuellen Fähigkeiten und Kompetenzen frei entwickeln können.

Natürliche soziale Lernfelder schwinden

Gerade in Grundschulen gibt es sehr große Entwicklungsunterschiede zwischen den Kindern, was auch mit den unterschiedlichen Voraussetzungen in den Elternhäusern bezüglich der sozialen und intellektuellen Förderung der Kinder zu tun hat. Gerade das direkte Umfeld hat großen Einfluss auf das Entwicklungspotenzial von Kindern. Bei vielen Kindern ist der innere Kompass für angemessenes Sozialverhalten nicht gut oder gar nicht ausgeprägt, wenn sie in die Grundschule kommen.

1 Vgl. Olweus, Dan: Gewalt in der Schule. Was Lehrer und Eltern wissen sollten – und tun können. Verlag Hans Huber 2002, S. 56.

Kinder differenziert betrachten

Sogenannte bildungsferne Elternhäuser schicken Kinder mit ganz anderen Kompetenzen in die Schule als solche Elternhäuser, in denen Bildung stärker wertgeschätzt wird. Insofern gibt es in Klassen häufig ein großes Gefälle, was die soziale und intellektuelle Leistungsfähigkeit der Kinder angeht.

Wenn sich Kinder da auf sehr unterschiedlichen Niveaus bewegen und begegnen, bleiben Konflikten innerhalb einer Gruppe nicht aus.

Entwicklungsunterschiede kompensieren

In einer Klasse ist es besonders wichtig, erst einmal jene Voraussetzungen und Standards zu schaffen, damit alle Kinder lernen, gut miteinander zu kooperieren. Dabei spielt die Förderung sozialer Kompetenzen eine große Rolle.

Aber nicht allein die unterschiedlichen sozialen wie intellektuellen Kompetenzportfolios der Kinder sind auszugleichen. Denn auch in bildungsnahen Elternhäusern kommt es vor, dass den Kindern Erfahrungen in wichtigen Lernfeldern fehlen – häufig aus Angst oder Überbehütung.

Natürliche soziale Lernfelder verschwinden

Früher lernten Kinder soziale Kompetenzen auch dadurch, dass sie sich nach der Schule draußen „auf der Straße“ frei bewegen konnten. Untersuchungen zufolge agierten Kinder in den 1960er-Jahren noch in einem Radius von mehreren Kilometern. Sie konnten unbeobachtet, ohne die stetige Überwachung und Einmischung der Eltern und ohne die Kontrolle durch das Smartphone, Freundinnen und Freunde treffen und sich in selbst gestalteten Peergroups mit anderen messen und ausprobieren.

Sie konnten Banden gründen und mit anderen zusammen in verschiedene Rollen schlüpfen, mehr oder weniger dem eigenen Antrieb und der eigenen Fantasie folgen und so auf spielerische und selbstverständliche Weise soziale Kompetenzen zusammen mit anderen Kindern entwickeln.

Heute ist das kaum noch möglich: Nur 52 Prozent der Grundschüler dürfen noch unbeaufsichtigt in der direkten Nachbarschaft spielen. Die Kinder werden häufig von ihren Eltern (in gewissem Maße) überwacht und kontrolliert. Die Angstgefühle der Erwachsenen werden dabei direkt auf die Kinder übertragen – deshalb bekommen wir heute kaum noch unbeaufsichtigte, frei spielende Kinder zu sehen.

Digitalisierung ist kein Ersatz

Auch wenn Kinderzimmer heute digital hochgerüstet wirken, ist das kein adäquater Ersatz für das freie und unbeaufsichtigte Spiel zusammen mit anderen. Denn menschliches Miteinander kann man nicht am Simulator lernen.

So fällt es Kindern zunehmend schwer, lebensnotwendige Kompetenzen zu erwerben oder gar selbstständig zu werden, sich mit anderen zu arrangieren, zu messen, sich durchzusetzen und unterzuordnen, das Verhalten anderer lesen zu lernen, Empathie zu entwickeln und sich in Gruppen zu integrieren und mit anderen zu kooperieren.

Als Lehrkraft sind Sie in der Grundschule mit Kindern verschiedenster sozialer Kompetenz konfrontiert und vielleicht hören Sie Kolleginnen und Kollegen klagen oder beklagen selbst, was Kinder heute alles nicht können, welche Kompetenzen sie immer noch nicht entwickelt haben und wie egoistisch sie sich häufig benehmen ...

„Durchgecoachten" Kindern fehlt häufig die soziale Lernerfahrung

Kindern, deren Alltag von Eltern relativ streng durchgetaktet wird, bleibt keine Zeit und kein Raum mehr für das so wichtige freie Spiel und für freie Entwicklungsmöglichkeiten. Damit bleiben dann leider auch oft das Entwickeln eigener Kreativität, Spontanität, Abenteuerlust und Entdeckerfreude weitgehend auf der Strecke und nicht nur das Ausbilden sozialer Kompetenzen.

Soziale Kompetenzen kann man nicht aus Büchern lernen oder lehren, solche Kompetenzen müssen immer mit anderen zusammen in Gruppen erworben und entwickelt werden, denn nur mit anderen zusammen kann man Vertrauen in die eigene Person und Empathie anderen gegenüber entwickeln, Bindungsfähigkeit üben oder Teamfähigkeit erwerben.

Viele Kinder haben heutzutage viel weniger Bezug zu ihrem natürlichen Umfeld. Gerade mit der Natur haben Kinder in Städten nur sehr wenig Schnittstellen. Damit verlieren die Kinder auch das Zutrauen in die eigene Person, den Mut, auch mal etwas Neues zu wagen, sich auszuprobieren, etwas zu riskieren. Dem eigenen Zutrauen, der Einschätzung der eigenen Leistungsfähigkeit ist das mit Sicherheit abträglich. Denn Selbsteinschätzung lernt man nur, indem man bestimmte Erfahrungen macht, eigene Grenzen auslotet.

Kinder, die spüren, dass die Erwachsenen in andauernder großer Sorge um sie leben, trauen sich oft nur wenig zu. Diese Kinder laufen Gefahr, ebenfalls Ängste zu entwickeln und deshalb lieber nichts zu wagen. Kinder müssen aber auch lernen, mit Widerständen und Widrigkeiten klarzukommen. Sie müssen eigene Bewältigungsstrategien entwickeln dürfen, ohne immer sofort gestoppt, gepampert und gecoacht zu werden.

Kinder brauchen neue soziale Lernfelder

Wenn natürliche Lernräume zunehmend wegbrechen, braucht es Ersatz. Den allein kann für viele Kinder, besonders die, die in Kleinfamilien und ohne Geschwister aufwachsen, die Schule bieten.

Um soziale Kompetenzen in einem lebensechten Szenario zu schulen und zu entwickeln, eignen sich die von vielen Lehrkräften als unerwünscht und energieraubend empfundenen Regelbrüche ebenso wie andere Konflikte in einer Klassengemeinschaft. Denn sie bieten realistische soziale Lernszenarien und soziale Spielfelder für alle.

Alle Lehrkräfte sind bei der Regelarbeit angesprochen

Deshalb sind Lehrkräfte aufgefordert, entsprechende Lernfelder bereitzustellen und gerade Regelverstöße als selbstverständliche und gewinnbringende Unterrichtsgegenstände zu betrachten (wie Rechtschreibung, Addition und Subtraktion). Sie sollten Regelbrüche proaktiv nutzen, damit die Kinder die nötigen sozialen Kompetenzen in einem realen Lernszenario ausbilden können. Und das gilt für alle Fächer und alle Lehrkräfte.

Vielen Kindern fehlen durch die gesamtgesellschaftlichen Veränderungen die natürlichen Sozialkontakte und Lernmöglichkeiten. Kleinfamilien und geschwisterlose Kinder überwiegen und durch berufstätige Eltern gibt es oft eine straffe Zeittaktung des Tages, wodurch auch familiäre Berührungspunkte seltener werden.

Außerdem bietet auch der zunehmende Umgang mit den Medien jedweder Art für Kinder keinen adäquaten Ersatz für den Austausch mit Menschen – soziale Kernkompetenzen und grundlegende Verhaltensregeln kann man nur im direkten Umgang mit anderen üben und erwerben. Dafür benötigt der Mensch auch weiterhin andere Menschen. Kein Handy, kein noch so faszinierendes Computerspiel, keine noch so ausgeklügelte KI, keine noch so schnelle Wisch- oder Drücktechnik über einen Bildschirm kann den Umgang mit anderen ersetzen, kann Empathie, Respekt, Wertschätzung oder Achtsamkeit schulen und entwickeln.

Wenn Lernräume wegfallen, müssen neue her

Insofern fällt der Schule und den Lehrkräften hier eine neue Rolle zu, die im Bewusstsein vieler Lehrkräfte noch nicht vollständig angekommen und verankert ist. Alle Lehrkräfte sollten ein Bewusstsein für soziales Lernen entwickeln und soziales Lernen in den Fokus jedes Fachs stellen. Soziale Kompetenzbildung muss in alle Fächer integriert werden. Das ist nicht allein der Job der Klassenleitung oder der Ethik-Kolleginnen und -Kollegen, alle Lehrkräfte müssen dafür Sorge tragen, dass neben dem rein Fachlichen auch der soziale Lernbereich eine entsprechende Plattform erhält.

Soziale Kompetenzbildung im Fokus

Die Förderung von Selbst- und Sozialkompetenzen der Schülerinnen und Schüler muss als eine existenzielle schulische Aufgabe von heute gesehen und akzeptiert werden. Versteht sich Schule als Institution, die auf das Leben und den Beruf vorbereiten will, so muss sie gerade hier viel mehr Verantwortung übernehmen. Bildung bedeutet heute noch viel mehr als nur das, was in den einzelnen Fächern vermittelt wird.

Regelbrüche herzlich willkommen heißen

Als Lehrkraft an der Grundschule stehen Sie heute vor neuen Herausforderungen und sind viel stärker als Konfliktmanagerin oder -manager gefragt. Sie benötigen dafür ein natürliches und offenes Verständnis, gerade was soziale Lerninhalte betrifft. Alle müssen anerkennen, dass Regelbrüche und Konflikte in Klassen völlig normal sind, zu jedem Unterricht dazugehören, entsprechend genutzt und konstruktiv gemanagt werden müssen.

Soziales Entwicklungspotenzial punktgenau schulen

Weil Regelbrüche letztlich immer nur am Ende einer Kette von Ereignissen stehen und das Produkt unerfüllte Wünsche und Bedürfnisse der Kinder sind, benötigen Lehrkräfte ein besonderes Know-how und Gespür dafür, wo in einer Klassengemeinschaft und bei Einzelnen noch soziales Entwicklungspotenzial steckt. Durch Regelbrüche erhalten Lehrkräften dafür wichtige Hinweise, wo es individuell und gruppendynamisch noch nachzusteuern gilt.

Ein geübter, pädagogisch offener und gedehnter Blick zeigt, auf welchen sozialen Kompetenzfeldern bei den Kindern noch Entwicklungs-, Handlungs- und Übungsbedarf vorliegt.

Neues Verständnis von Unterricht

Lehrkräfte, die ein solches Verständnis von Unterricht und schulischer Arbeit entwickeln, können weit mehr für ihre Schülerinnen und Schüler tun als solche, die allein auf rein fachliche Wissensvermittlung setzen.

Nur durch das Vermitteln der notwendigen sozialen Skills im Unterricht bekommen viele Kinder heute noch die Chance, möglichst frühzeitig persönlich so gestärkt zu werden, dass sie die vielgefächerten Herausforderungen des gesellschaftlichen Lebens später auch meistern können. Hier trägt gerade die Grundschule eine besondere Verantwortung, denn sie kann dafür den Grundstein legen.

Wenn man weiß, dass sozial kompetente Kinder in der Schule miteinander gut kooperieren können und dadurch auch der Lernerfolg erhöht und täglich nervige Reibungsverluste in pädagogischen Prozessen minimiert werden, dann lohnt die Aufgabe für Lehrkräfte, denn ein gutes und friedliches Miteinander entlastet letztlich auch sie.

Auch emotionale Intelligenz muss gelernt werden

Gerade Grundschulkinder müssen neben dem Schreiben, Lesen und Rechnen auch noch lernen, ihre Gefühle und Bedürfnisse zu managen und in Einklang mit der Gruppe zu bringen. Dafür müssen sie in einem geschützten pädagogischen Lernfeld die nötigen sozialen Skills üben und ausbilden dürfen.

Um eigene Bedürfnisse und Wünsche in Einklang mit anderen bringen zu können, braucht es Kompetenzen wie Frustrations- oder Ambiguitätstoleranz, Empathie, Emotionskontrolle, Perspektivübernahme, ein bestimmtes verbales Ausdrucksvermögen, ein Bewusstsein über die eigenen Gefühle, Selbstkontrolle u.v.m. – also ein breit gefächertes soziales Kompetenzportfolio. Aufgrund ihres Entwicklungsstandes können die meisten Grundschulkinder noch gar nicht über all diese Kompetenzen verfügen.
Denn all das lernt der Mensch erst nach und nach in bestimmten Entwicklungsstadien. So sind Erstklässlerinnen und Erstklässler auf einem völlig anderen sozialen Kompetenzstand als Kinder in der vierten oder sechsten Klasse. Das gilt es, gerade bei der Regelarbeit in der Grundschule, ganz besonders zu berücksichtigen.

Wer Kinder und ihren kognitiv-emotionalen Entwicklungsstand einzuschätzen vermag, erspart sich (und den Kindern) Enttäuschungen und Frustration. Wer Unmögliches erwartet oder die eigenen Ideale sehr hoch hängt, muss letztlich enttäuscht werden. Denn Kinder können immer nur das leisten, was aufgrund ihres Reifegrades „gehirntechnisch" möglich ist – und was ihr außerschulisches Umfeld zu fördern imstande ist.

Wann können Kinder was?

Insofern gilt es besonders für Grundschullehrerinnen und -lehrer, sich mit den Entwicklungsständen und -möglichkeiten der Kinder genau vertraut zu machen.

Wann etwa können Kinder überhaupt die Perspektive anderer übernehmen? Wann können sie eigene Gefühle differenziert erkennen und benennen? Ab wann können sie empathisch reagieren? Beispielsweise nimmt der Egozentrismus ab dem 9. Lebensjahr ab, was die Empathie fördert, Kinder können sich zunehmend konzentrieren und auch das komplexe Denken wird von Lebensjahr zu Lebensjahr mehr entwickelt. Die Altersgrenzen sind aber jeweils individuell und fließend.

Bestimmte Verhaltensweisen zu kritisieren, kann eben auch bedeuten, etwas von Kindern zu erwarten, was sie noch gar nicht können – und ihnen damit Unrecht zu tun. Was nicht bedeutet, jedes Verhalten zu akzeptieren.

Unterschiedliche Sozialisationseinflüsse kompensieren

Darüber hinaus kommen Kinder aus sehr unterschiedlich geprägten Elternhäusern mit sehr verschiedenen kulturellen, sozialen, familiären und religiösen Backgrounds in der Grundschule zusammen. So sind die sozialen Kompetenzen der Kinder aufgrund ihrer familiären Erfahrungen, Ansichten und Überzeugungen entsprechend unterschiedlich geprägt. Eine stark geschlechtsspezifisch orientierte Sozialisation spielt bei vielen Kindern mit Migrationsgeschichte ebenso eine große Rolle. Auch das sorgt für Konfliktpotenzial und sehr unterschiedliche Auffassungen von Verhaltensnormen.

All die prägenden Einflüsse müssen Lehrkräfte in ein sozialverträgliches Miteinander gießen.

Weil gerade das soziale Umfeld sehr prägend für Kinder ist, müssen Lehrkräfte aus sehr unterschiedlichen Haltungen, Überzeugungen und Ansichten ein möglichst friedvolles und lernförderliches Klassenklima zaubern, in dem sich alle ungestört und sicher bewegen können. Dafür benötigen sie eine große Frustrations- und Ambiguitätstoleranz, hohe Flexibilität und sehr viel Verständnis für die Nöte und Wünsche der Kinder.

Regelbrüche und Lehrkräfte – eine spezielle Dynamik

Um Regelbrüchen kompetent zu begegnen, sollten Sie auch ihr eigenes Verhalten als Lehrkraft genau ins Auge fassen und die mit dem Regelbruch verknüpften Dynamiken betrachten.

Dabei geht es um Faktoren wie Einstellung, Haltung, Mindset und Rolle, die Lehrkräfte zu Thematiken wie idealer Unterricht, Disziplin und Regelbrüche einnehmen. Die einzelnen Einflussfaktoren bestimmen den jeweiligen Umgang der Lehrkräfte mit Regelbrüchen mit und haben große Auswirkungen auf Schülerinnen und Schüler sowie den gesamten Unterricht.

Regelbrüchen offensiv begegnen

Regelbrüche werden von Lehrkräften häufig sehr unterschiedlich wahrgenommen, interpretiert und bewertet. In der Folge gibt es dann (leider zum Nachteil von Schülerinnen und Schülern) entsprechend sehr unterschiedliche (oder auch gar keine) Reaktionen vonseiten der Lehrkräfte auf ein und dasselbe nicht regelkonforme Verhalten.

Es braucht aber, um Regeln gut im Schulalltag zu implementieren und abzusichern, einen möglichst offensiven Umgang damit. Außerdem sollte es einheitliche Verabredungen im Kollegium darüber geben, wie man den gemeinsamen Umgang mit Regeln bzw. Regelbrüchen gestaltet.

Ein offensiver Umgang mit Regelbrüchen ist allein schon dadurch begründet, dass ohne aktive Regelarbeit kein nachhaltiges Lernen möglich ist. Durch die aktive Bearbeitung von Regelbrüchen entsteht Reibung mit den Kindern, die wir nutzen können. Und zwar einerseits, um den Schülerinnen und Schülern Grenzen aufzuzeigen. Anderseits können wir eine neue Beziehungsqualität mit den Kindern erreichen, um auf einer neuen Ebene in Zukunft besser miteinander zu kooperieren.

Grundlegend dafür ist eine möglichst einheitliche Haltung und Einstellung eines Kollegiums, was Regeln und deren Bearbeitung betrifft.

Das Ideal von Unterricht prägt die Einstellung zu Regelbrüchen

Der individuellen Bewertung von Regelbrüchen voraus geht oft ein Idealbild von Unterricht. Dieses Idealbild ist meist dadurch gekennzeichnet, dass sich die Kinder ruhig verhalten, still nebeneinandersitzen und dem Lehrer oder der Lehrerin aufmerksam lauschen. In solch einer idealisierten Situation herrschen zwar Disziplin und Ordnung, aber keine Interaktion in der Gruppe – in solchen Gruppen die Kommunikation anzuschieben, ist dann oft schwierig.

Besser wäre ein Idealbild von Unterricht, bei dem alle Mitglieder einer Kasse in guter und respektvoller Kommunikation miteinander sind, wo Interaktion wertschätzend stattfindet und alle miteinander verbunden sind. Ein Spruch besagt: „Tote Fische schwimmen mit dem Strom, lebendige auch mal dagegen." Und das ist auch gut so! Denn alle Kinder in allen Klassen haben bestimmte Wünsche und Bedürfnisse, die auch im Unterricht präsent sind.

Letztlich ist die Schule nur ein Mikrokosmos, ein kleines Abbild unserer Gesellschaft – und auch dort sind Regelbrüche und Konflikte auf der Tagesordnung. Alles, was in der Gesellschaft zu Konflikten führt, bildet sich in der Schule eins zu eins ab, denn die Kinder tragen die gesellschaftlichen Probleme in Form ihrer individuellen Lebenswelt mit allen Facetten ihrer Erfahrungen hinein in die Schule. Ebenso bringen die Lehrkräfte ihre eigenen Erfahrungen und Einstellungen mit.

Klassen sind bunt zusammengewürfelte Haufen und Schülerinnen und Schüler können sich ihre Klassen und Lehrkräfte nicht aussuchen. Lehrkräften geht es ebenso.
Deshalb sollte vonseiten der Lehrkräfte ein möglichst entspannter und natürlicher Umgang mit Regelbrüchen und sich daraus ergebenden Konflikten gepflegt werden.

Die Belastung der Lehrkräfte hat viele Gründe

Dass viele Lehrkräfte Regelbrüche als belastend empfinden, liegt häufig an eigenen Vorbehalten gegenüber Regelbrüchen und Konflikten. Gründe dafür können zum Beispiel in der eigenen Biografie liegen oder in einem falschen Verständnis von Gruppendynamik oder in einer gewissen Konfliktscheu. Gerade die Konfliktscheu sollte in pädagogischen Berufen unbedingt abgelegt werden, denn letztlich ist das Schlichten und Lösen von Konflikten eine der Hauptaufgaben der Lehrkräfte von heute. Besonders für Gruppen mit kleineren Kindern ist es immens wichtig, Konfliktlösungsmechanismen möglichst früh zu erlernen.

Als Lehrkraft sollten Sie auch ihre Konfliktlösungsmechanismen regelmäßig auf den Prüfstand stellen: Sind die Instrumente noch am Puls der Zeit? Zeigen sie Wirkung?
Wenn Sie die Erfahrung machen, dass Sie mit denselben Instrumenten immer wieder nur frustrierende Ergebnisse erlangen, ist es sicherlich an der Zeit, den eigenen „Werkzeugkoffer" neu auszustatten.

Um die eigene Konfliktscheu abzulegen, können Sie sich vergegenwärtigen, dass sich Konflikte zumeist durch unterschiedliche Interessen, Bedürfnisse, Wünsche und Hoffnungen von einzelnen Gruppenmitgliedern ergeben. Und diese gilt es auszugleichen. Der Prozess des Ausgleichs muss von Lehrkräften lediglich entsprechend moderiert werden. Nicht mehr und nicht weniger. Wenn man sich dieser Tatsache bewusst wird, muss man Konflikte auch nicht mehr als negativ, bedrohlich oder störend empfinden und ansehen.

Im eigenen Interesse sollte Regelarbeit für jede Lehrkraft immer im Fokus stehen

Wenn in Lerngruppen Konflikte schwelen, kommt es zu großen Reibungsverlusten in allen Arbeits- und Lernprozessen und das gemeinsame Arbeits- und Lernklima wird stark negativ beeinträchtigt. Schwelende Konflikte führen viel häufiger auch zu Regelverstößen.

Deshalb sollten gerade Lehrkräfte schon aus Eigeninteresse daran interessiert sein, Neues auszuprobieren und sich immer weiter zu professionalisieren, um als konstruktive Konfliktmanager und Regelwächter besser agieren zu können. Eine Abwehrhaltung gegenüber der dringend erforderlichen Regelarbeit oder gar Verdrängungstendenzen Konflikten gegenüber können sich Lehrkräfte nicht leisten.

Regelarbeit und die Rolle der Lehrkraft

Jede Gruppe benötigt bestimmte Routinen, Rituale und natürlich auch Regeln, die das Zusammenleben und Zusammenarbeiten verlässlich machen. Jedes Gruppenmitglied braucht Orientierung und Verhaltenssicherheit. Deshalb sollten Lehrkräfte in diesen Bereichen stets unterstützend und lenkend tätig sein, Ordnungsprinzipien überwachen und sich für die Schaffung eines produktiven Unterrichtsklimas einsetzen. Das verleiht den Kindern Verhaltenssicherheit.

Damit ergibt sich ein wichtiger Aspekt für das Rollenportfolio von Lehrkräften: Sie haben neben ihrer fachlichen Arbeit auch die Aufgabe, Schülerinnen und Schüler sozial handlungsfähig und kompetent zu machen. Ohne sozial kompatibles Verhalten der Kinder im Unterricht wird der Lernprozess sonst von erheblichen Reibungsverlusten begleitet.

Kinder brauchen Verhaltensnormen

Das heißt, Kinder müssen zum einen an den Umgang mit Regeln herangeführt werden und ihnen müssen Hinweise und Strategien an die Hand gegeben werden, wie man sich regelkonform verhält. Kinder müssen ein Bewusstsein für Regelverletzungen und Wiedergutmachungsrituale bekommen, damit die Gemeinschaft einerseits vor Regelverletzungen geschützt werden kann, andererseits aber auch Wiedergutmachung erfährt, wenn Regeln verletzt wurden.

Damit fallen Lehrkräften sozusagen die Rollen von Schiedsrichterinnen und Mediatoren zu. Sie müssen, ähnlich wie beim Fußball oder anderen Mannschaftssportarten, auf nicht regelkonformes Verhalten reagieren, um das „Spiel des Miteinanderlebens und -lernens“ in Form eines möglichst regelkonformen Unterrichts am Laufen zu halten.

Jede Schiedsperson braucht ein Standing und bestimmte Kompetenzen

Dafür müssen Lehrkräfte auch wissen, welche Interventionsstrategien bei welcher Regelverletzung anzuwenden sind. Sie benötigen ein zuverlässiges Instrumentarium, um auf Regelbrüche die passenden Antworten geben zu können. Denn es gehört in ihr Kompetenzportfolio, bei Regelverstößen konstruktiv und zum Wohle aller richtig intervenieren zu können. Auch Schiedspersonen werden in Lehrgängen immer wieder geschult, nutzen Sie daher auch entsprechende Fortbildungsangebote für Lehrkräfte.

Oberflächliche Interventionen führen nicht zum eigentlichen Kern des Regelbruchs

Untersuchungen zeigen, dass sich Lehrkräfte viel öfter mit leichteren Vergehen wie dem Brechen von Gesprächsregeln im Unterricht beschäftigen als mit schwerwiegenden Vergehen. Der Grund dafür liegt möglicherweise darin, dass ihnen dafür die richtigen Interventionswerkzeuge fehlen oder sie keine Zeit dafür aufwenden möchten. Insofern versuchen sie, es mit möglichst kurzen und wenig aufwendigen Interventionen *(Sei bitte still! Rede nicht schon wieder dazwischen! etc.)*. Das wäre ver-

gleichbar mit einer Schiedsperson, der immer nur leichtes Schubsen ahndet, bei einem schweren Foul aber wegschaut.

Immer wenn Kinder sozial ungekonnt-unglücklich agieren, ein sozial nicht akzeptables oder aggressives, nicht hinnehmbares Verhalten zeigen, durch das das Lernen oder andere Kinder gefährdet werden, müssen Lehrkräfte zeitnah und kompetent einschreiten. Sowohl um den Regelbrecher oder die Regelbrecherin zu schützen (vor sich selbst und weiterer Eskalation) wie auch alle anderen Gruppenmitglieder.

„Soziale Fouls immer pfeifen"

Ähnlich wie Schiedspersonen beim Fußball müssen und können Lehrkräfte Kinder nicht erziehen. Dafür ist ihr Einfluss viel zu gering, dafür gibt es viel zu viele und zumeist sehr viel attraktivere Miterzieherinnen und Miterzieher wie die Familie, Medien oder die Peergroup. Aber Lehrkräfte müssen immer dann einschreiten, wenn Gefahr für die Gemeinschaft im Verzug ist und/oder wenn regelbrechende Kinder sich durch ihr Verhalten selbst gefährden oder schaden.

Das gilt übrigens auch für die irreführende Berufsbezeichnung der Erzieher/Erzieherin, denn auch deren Einfluss auf Kinder ist heute weit geringer als es deren Berufsbezeichnung erwarten lässt.

Sozial unglückliches Verhalten benötigt Korrekturangebote

Lehrkräfte, Erzieherinnen und Erzieher sollen bei nicht regelkonformen Verhaltensweisen stets intervenieren, um den Kindern die Möglichkeit zu geben, ihr bisher ungenügend ausgebildetes soziales Kompetenzportfolio zu erweitern. So können die Kinder aus ihren eigenen sozialen Fouls lernen und in diesem Prozess persönlich wachsen. Nur so gelingt es, diesen Kindern möglichst zeitnah eine Lernplattform zu offerieren, die es ermöglicht, ihr nicht regelkonformes Verhalten durch prosoziales Verhalten zu ersetzen.

Ziel professioneller Regelarbeit ist es, Schülerinnen und Schüler mit zuverlässig-gekonnten sozialen Verhaltensmustern auszustatten, sodass einerseits ihr Schulerfolg gewährleistet ist und andererseits die restliche Gemeinschaft in Ruhe lernen kann.

Jeder Regelbruch gibt Hinweise auf noch nicht ausreichend entwickelte Kompetenzen

Insofern sollte schulische Regelarbeit als Unterstützungsangebot für Kinder auf ihrem Weg, sozial kompetent agieren zu können, verstanden werden.

Jeder Regelbruch gibt Lehrkräften Hinweise, welche Kompetenzen bei den Kindern noch nicht in ausreichendem Maße entwickelt sind. Lehrkräfte sollten gemeinsam mit den Kindern daran arbeiten, die benötigten Kompetenzen weiterzuentwickeln. Keine Mathelehrkraft würde bei der Frage, wie viel eins plus eins ist, die Antwort „drei" akzeptieren. Insofern braucht es auch im Bereich des sozialen Lernens individuelle Hilfen, die punktgenau auf die Kinder abgestimmt sind.

Regelbrechende Kinder brauchen Unterstützung in Form von Handlungsalternativen, um bestimmte verabredete Grenzen, die der Verhaltenskanon einer Schule vorgibt, nicht zu überschreiten. Daher sollten Regelbrüche immer stärkenorientiert angegangen werden.

Die Klasse wiederum braucht Schutz vor permanent regelbrechenden Kindern. Deshalb müssen diese Kinder lernen, Verantwortung für ihre Regelbrüche zu übernehmen und ihre Verhaltenswünsche und Bedürfnisse so in der Gemeinschaft zu verfolgen, dass die Klassenregeln nicht gebrochen werden. Das fordert von Lehrkräften Konsequenz und eine klare Rolle und Haltung sowohl als Schiedsperson wie auch als kompetenzfördernder sozialer Coach.

Auch Regelbrecher lernen am Modell

Dan Olweus begründet, welche Folgen eine zu nachsichtige, wegschauende Pädagogik, ein Nichteinschreiten der Lehrkräfte bei Regelbrüchen verursacht. Ein Nachlassen der Kontrolle heißt, dass eine Beobachterin / ein Beobachter das Rollenvorbild für Regelbruch belohnt sieht. Dadurch werden Hemmungen, ein ähnliches Verhalten zu zeigen, geschwächt. Umgekehrt setzen negative Folgen für das Vorbild oft die hemmenden Kräfte in der Beobachterin / im Beobachter frei und verstärken diese.[2]

Regelbrüche richtig verstehen

Regelbrüche haben immer eine Ursache, ein Motiv. Hinter jedem Regelbruch stecken unerfüllte Bedürfnisse und Wünsche. Das können zum Beispiel sein:

- Autonomiebestrebungen der Kinder, die sich mehr Freiräume zu schaffen versuchen und deshalb gegen Abhängigkeit und Einschränkungen aufbegehren,
- fehlende soziale Kompetenzen vonseiten der Kinder,
- nicht gut kommunizierte und so nicht internalisierte Verhaltensnormen.
- Die Kinder konkurrieren um die Aufmerksamkeit der Lehrkraft sowie der Mitschülerinnen und Mitschüler. Auch in diesem Prozess werden Normen dann leicht vergessen oder einfach über Bord geworfen.
- Es kann auch mit der fehlenden Autorität der Lehrkraft und ihrem nicht akzeptierten Standing zusammenhängen, wenn Regeln gebrochen werden.
- Und natürlich decken sich die Wertvorstellungen und Normen von Kindern häufig nicht mit denen Erwachsener.

Hinter jedem Regelbruch steckt ein Wunsch

Für Ihre pädagogischen Arbeit ist es sehr von Nutzen, wenn Sie sich die Regelverstöße der Kinder erklären können. So können Sie auf die Ursache schließen und sind besser in der Lage, einen entspannten und professionellen Umgang mit dem Regelbruch zu pflegen und das richtige Interventionsmittel zu wählen.

Viel Sprengstoff ergibt sich immer wieder aus der unterschiedlichen Wahrnehmung und Interpretation einer Situation. Das erklärt auch, warum es bei Regelbrüchen immer wieder zu Auseinandersetzungen und Diskussionen zwischen Kindern und Lehrkräften kommt. Alle erleben die Situation anders. Lehrkräfte sehen einen Regelverstoß – Kinder erfüllen sich gerade ein für sie nicht aufschiebbares Bedürfnis. Der jeweilige Fokus führt zu zwei Sichtweisen.

---

2 Vgl. Olweus, Dan: Gewalt in der Schule. Was Lehrer und Eltern wissen sollten – und tun können. Verlag Hans Huber 2002, S. 52.

Warum verhält sich ein Kind gerade jetzt aggressiv? Was hat ein Kind dazu verleitet oder angetrieben, genau diesen Regelverstoß zu begehen? Welche Motivation hat es gerade? Warum „braucht" das Kind jetzt gerade genau dieses Verhalten? All diese Fragen können Ihnen bei einer Analyse helfen.

Unser Organismus kommt immer dann an seine Grenzen und aus dem Gleichgewicht, wenn bestimmte Grundbedürfnisse nicht erfüllt sind. Die Frage ist, welche Grundbedürfnisse einem Kind fehlen, sodass es ihm nicht gelingt, sich in einer bestimmten Situation regelkonform verhalten zu können?

Als Lehrkraft kann man überlegen, welche Grundbedürfnisse im Unterricht möglicherweise nicht erfüllt worden sind und entsprechend nachsteuern. Grundbedürfnisse frühzeitig zu erkennen und bei der Unterrichtsplanung mit zu berücksichtigen, würde viele Regelbrüche vermeiden helfen, wäre demzufolge überaus empfehlenswert. Wer Präventionsarbeit in dieser Form betreibt, erspart sich manch unnötige Diskussionen. Denn ein Organismus, dem es an nichts fehlt, muss nicht durch Regelbruch auf sich aufmerksam machen.

Regelbrüche fallen nicht einfach so vom Klassenhimmel

Regelbrüche passieren nicht einfach so. Jeder Schauer, jedes Gewitter kündigt sich an, wenn man denn genauer hinschaut. Das heißt, jeder individuelle Regelbruch hat einen Vorlauf, eine Historie, und für jeden Regelbruch gibt es Gründe. Und wer die „Wetterkarte" als Lehrkraft lesen kann, ist im Vorteil.

Das Heraufziehen einer dunklen Wolkenfront zu erkennen, ist für Lehrkräfte, die nahe an ihren Gruppen dran sind, nicht besonders schwierig. Die Gründe für den Wetterumbruch zu erkennen, ist oft ein wenig anspruchsvoller. Und wer Verhalten neurobiologisch deuten und einordnen kann, muss Regelbrüche zudem nicht als gegen sich selbst gerichtet interpretieren. Denn längst nicht alle Regelbrüche sind vorsätzlich gegen Lehrkräfte, andere Kinder oder die Gemeinschaft gerichtet.

Die Wetterkarte einer Klasse lesen lernen

Wer sich folglich zum / zur „Meteorologen / Meteorologin eines Klassenklimas" macht, das Klassenklima demzufolge einzuschätzen weiß und öfter mal in den „Klassenhimmel" schaut, der / die kann von Gewitterwolken in Form nahender Regelbrüche auch nicht mehr überrascht werden. Denn meist gehen vor einem Gewitter schon ein paar Tropfen nieder: Es zeigt sich zumindest eine ahnungsvolle Wolkenbildung.

Wer also ein sensibles Gespür für ein Klassenklima entwickelt, muss vor plötzlichem Starkregen oder gar Hagelschlag nicht überrascht sein. Wer ein präventives Gespür hat, kann vorsorgen. Lehrkräfte, die an einer stetigen Regulierung des Klassenklimas arbeiten, denen diese Aufgabe genauso wichtig ist wie die Vermittlung ihres Faches, werden zumeist „klimaneutral" arbeiten können. Sie werden weitaus weniger damit beschäftigt sein, in ihrem Unterricht übermäßig häufig den „Schirm aufspannen" und auf Regelbrüche reagieren zu müssen.

Regelbrüche und Emotionen

Für viele Lehrkräfte sind Regelbrüche – trotz aller Professionalität – schnell eine emotionale Angelegenheit. Daher ist Emotionskontrolle oberste Lehrkraftpflicht!

- Nehmen Sie Regelbrüche nicht persönlich!
- Werten Sie nicht jedes nicht regelkonforme Verhalten der Kinder gegen sich selbst und ihre pädagogische Arbeit!

Lehrkräfte, die sich häufig persönlich von Kindern getriggert und angegriffen fühlen, reagieren dann zumeist unprofessionell beleidigt oder verletzt, fühlen sich respektlos behandelt und ihre Arbeit nicht genügend wertgeschätzt.

Wer sich als Lehrkraft stets selbst zum Ziel regelbrechender Kinder macht, kreiert sich in fataler Weise Baustellen im Klassenzimmer, die es gar nicht geben müsste. Und irrt zudem, denn viel Regelbrüche sind gar nicht an Lehrkräfte adressiert. Außerdem fördert die Opferrolle Passivität.

Allein die Einnahme einer anderen Perspektive (Refraiming) kann die persönliche Betroffenheit schon deutlich verringern und die Möglichkeit eröffnen, sich von Regelbrüchen weniger emotional getriggert zu fühlen und dadurch einen konstruktiveren Umgang mit ihnen zu pflegen.

Wer in die Opferhaltung flüchtet, verliert seinen Einfluss

Warum fühlt man sich als Lehrkraft durch Regelbrüche persönlich angegriffen?
Die Ursachen können vielschichtig sein – zum Beispiel:

- geringes Selbstbewusstsein der Lehrkraft (ängstlich, verunsichert)
- Angst, die Kontrolle über die Gruppe zu verlieren
- persönliche Trigger (eigene Konfliktbiografie), die durch Regelbrüche aktiviert werden
- mangelhaft ausgebildete Konfliktexpertise
- sehr hoch gesteckte und fixe Ideale

Sich persönlich angegriffen zu fühlen, führt dazu, dass man häufig entsprechend emotional, dünnhäutig und beleidigt reagiert. Was wiederum die wichtige Beziehungsebene zu den Schülerinnen und Schülern belastet. Denn wer mich emotional triggert, dem bin ich oft auch persönlich böse.

Ängste koppeln Lehrkräfte von der Gruppe ab

Rein emotional gesteuerte Antworten auf Regelbrüche vonseiten der Lehrkräfte führen häufig zum Kontaktverlust mit den Kindern. Damit aber vermindert sich dann auch der weitere pädagogische Zugriff und die weitere Kooperationsbereitschaft der Schülerinnen und Schüler. Persönlich abgekoppelt von der Schülerschaft spüren Lehrkräfte dann keinerlei Selbstwirksamkeit mehr, weil die selbst geschaffene Distanz als unüberbrückbar interpretiert wird. Der Schüler merkt, dass der Lehrer ihn ablehnt, die Schülerin denkt, die Lehrerin mag sie aufgrund ihres Fehlverhaltens nicht mehr. Damit wird der Konflikt auf die persönliche Ebene verlagert. Auf dieser Ebene ist er dann nur noch schwer zu lösen, weil persönliche Befindlichkeiten die Regie übernommen haben.

Lehrkräfte, die rein emotional auf Regelbrüche reagieren, die laut werden, „auf die Palme gehen", Kinder persönlich angreifen, vor die Tür stellen oder ihnen mit Strafen drohen, bewirken nichts, als weitere Ablehnung zu schüren und die Fronten weiter zu verhärten. Damit verbreitet sich ein Klima der Unsicherheit und Angst.

Bekannte Muster brechen hilft dem Lernprozess

Manche Kinder sind Spezialisten für ihr Lehrpersonal. Sie wissen oft genau, wie ihre Lehrkräfte auf nicht regelkonformes Verhalten reagieren. Und sie wissen häufig auch, wie sie die Eskalationsschraube weiter anziehen können, wie sie bestimmte Lehrkräfte leicht auf die Palme bringen können. Überraschen Sie diese Kinder deshalb mit einem anderen, für die Kinder ungewohnten Muster: Coolness und Kontrolle. So lernen die Kinder, dass es in Konflikten auch andere Verhaltensweisen gibt als das allbekannte Aufregen oder Austicken.

Viele Lehrkräfte ziehen zur eigenen Affektabfuhr im Lehrerzimmer über die regelbrechenden Kinder her und tragen damit leider zu Stigmatisierung bestimmter Schülerinnen und Schüler bei. Sich bei den Kolleginnen und Kollegen Luft zu machen, mag auf den ersten Blick erleichternd und befreiend wirken. Mit diesem Verhalten begibt man sich aber auch in die Opferhaltung, anstatt Verantwortung für die eigenen Gefühle zu übernehmen.

Wenn Sie merken, dass Ihre Emotionen gegenüber den Kindern hochkochen, hilft es, an der eigenen professionellen Distanz zu arbeiten und die emotionale Intelligenz zu nutzen. Ziel ist es, dass Sie in der Lage sind, für die jeweilige Situation das entsprechend angemessene Gefühl erzeugen zu können. So erlangen Sie professionelle Emotionskontrolle.

Professionelle Distanz und emotionale Intelligenz gehören zur Grundausstattung von Lehrkräften

Professionelle Distanz gehört zu den Kernkompetenzen in pädagogischen Berufen. Wer sich persönlich in Konflikte(n) mit Kindern verstrickt, wem Emotionskontrolle fehlt, wird gerade in Konfliktsituationen erheblich weniger professionelle Antworten finden. Gerade Lehrkräfte haben wegen ihrer Vorbildfunktion in Konflikten eine große Verantwortung, gute Modelle abzugeben, und gerade bei Verstößen gegen Regeln möglichst keine starken Emotionen zu zeigen, sondern cool und kontrolliert zu agieren.

Negative Emotionen verleiten uns dazu, so zu handeln, wie wir gerade fühlen. Das ist unprofessionell, denn dann berauben wir uns unserer kognitiven Fähigkeiten und schränken unsere Handlungsmöglichkeiten stark ein. Besser ist es, zwischen den Kindern als Person und ihrem regelbrechenden Verhalten zu unterscheiden. Damit kann man genau die professionelle Distanz schaffen, die für die anschließende Regelarbeit vonnöten ist. Das klare Unterscheiden von Person und Problem ist Grundvoraussetzung für das Managen von Konflikten.

Der Anteil der Lehrkraft an Regelbrüchen

Häufig haben Lehrkräfte selbst auch ihren Anteil, wenn Schülerinnen oder Schüler aggressiv reagieren oder Regeln brechen.

Gert Lohmann weist darauf hin, dass eine systemische Sichtweise auf die Interaktion im Klassenraum vorteilhaft ist, weil sie die Perspektive auf den sogenannten blinden Fleck lenkt – also auf den Bereich, den ich von mir nicht wahrnehme, der aber von anderen wahrgenommen wird. Damit rückt die Frage „Wie wirke ich auf Schülerinnen und Schüler?“ in den Vordergrund. Entscheidend sind nicht meine Intentionen, sondern wie mein Auftreten und Verhalten von den anderen in einem bestimmten Kontext interpretiert wird.[3]

So kann eben auch das Verhalten von Lehrkräften Regelverstöße vonseiten der Schülerinnen und Schüler begünstigen, fördern oder sogar provozieren. Lehrerinnen, die Kindern unbewusst zeigen, dass sie sie nicht mögen, Lehrer, die sich im Ton vergreifen, Pädagoginnen, die Kindern zu wenig soziale Resonanz geben, oder Pädagogen, die wenig von Beziehungsarbeit halten, können Kinder aus ihrem emotionalen Gleichgewicht bringen, weil sie ihnen durch ihr wenig achtsames Verhalten wichtige Grundbedürfnisse verweigern.

Viele Verhaltensweisen von Lehrkräften begünstigen Regelbrüche

Aber auch über- oder unterfordernde Lehrkräfte, langweilig konzipierter Unterricht oder zu hoch gesteckte Lernziele und Ideale aufseiten der Lehrkräfte können Regelbrüche begünstigen. Spannender und begeisternder Unterricht, Inhalte, die mit den Erfahrungen der Kinder zu tun haben, fordern und beeinflussen die Gehirne der Kinder günstig und werden weitaus seltener zu nicht regelkonformen Verhaltensweisen führen. Methodenvielfalt hilft gegen Langeweile und sie bedient auch die unterschiedlichen Lerntypen besser. Wer immer nur eine Lernform bevorzugt, wird damit schneller Ermüdungserscheinungen in Gruppen feststellen, was wiederum Regelbrüche begünstigt.

Auch Lehrerinnen und Lehrer, die berufsmüde und ausgebrannt sind, die innerlich gekündigt haben, begünstigen Regelbrüche, denn ihre Selbstwirksamkeit schwindet mit ihrer destruktiven Einstellung. Sie haben sich längst von der Gruppe, von neuen Ideen und Herausforderungen verabschiedet und befinden sich in einem Teufelskreis, der aus mangelhafter Bereitschaft für Veränderungen und Frustration gespeist wird. Und Frustration kann man leider nicht vor anderen verstecken.

Aber auch zur beruflichen Perfektion neigende Lehrkräfte mit hohen Idealen agieren häufig an ihren Gruppen vorbei und begünstigen nicht regelkonformes Verhalten. Denn sie überfordern die Kinder mit überbordenden Erwartungen.

So spielen auf Lehrkraftseite einige Faktoren zusammen, die Regelbrüche begünstigen können. Achten Sie in Ihrem Unterricht darauf, sich nicht genau diese Baustellen einzurichten.

Lehrkräfte an Grundschulen benötigen andere Kompetenzen

Weil Grundschulkinder viel mehr an ihren Lehrkräften hängen, und das im wortwörtlichen Sinne, brauchen gerade Grundschullehrkräfte auch die Fähigkeiten, mit mehr Nähe zu Kindern umgehen zu können.

---

3 Vgl. Lohmann, Gert: Mit Schülern klarkommen. Professioneller Umgang mit Unterrichtsstörungen und Disziplinkonflikten. Cornelsen Scriptor 2011, S. 193.

Nähe und Körperlichkeit zuzulassen, ist auf dem Gebiet der Pädagogik immer ein Balanceakt der besonderen Art. Wer den in der Grundschule nicht bewältigen kann, wird bei vielen Kleinen auf Unverständnis stoßen, wenn diese Nähe suchen, aber nicht finden. Dabei immer die richtige Distanz zu finden, den richtigen Abstand zu halten, braucht Erfahrung, Gespür und Einfühlungsvermögen.

Kleinere Kinder suchen, gerade wenn sie ihren Lehrinnen und Lehrern vertrauen, viel öfter auch den Körperkontakt. Sie sind häufig im wahrsten Sinne des Wortes überaus anhänglich. Soziale Distanzzonen sind ihnen noch weitgehend unbekannt. Und so werden Erwachsene häufig eben auch zu ersten Adressaten von kindlichen Wünschen und Bedürfnissen, bei Nichterfüllung aber auch für Aggressionen, weil kleine Kinder Distanzzonen noch nicht richtig ausloten können und Frustrationstoleranz noch nicht in angemessener Weise entwickelt haben.

Oft stellen die Erwachsenen für die Kinder den letzten Rettungsanker für den gerade aus der Balance geratenen jungen und noch nicht ausgereiften Organismus dar. Dann heißt Aggression Lehrkräften gegenüber meist: *Warum hilfst du mir nicht? Siehst du nicht, dass ich in Not bin? Ich kann mir da gerade selbst nicht mehr helfen, ich bin auf deine Hilfe angewiesen!*

Gerade Lehrkräfte an der Grundschule benötigen ein überaus sensibles Gespür für die nötige Nähe und angemessene Distanz zu den Kindern.

Wer das Grundbedürfnis nach Nähe verweigert, fördert Aggression

Grundschulkinder sind oft noch nicht in der Lage, ihre Wünsche aufzuschieben oder ihre Ängste angemessen zu formulieren und selbst zu managen. Ihnen fehlen dazu häufig schlichtweg die Geduld, die Frustrationstoleranz, ein distanziertes Selbst- und Weltbild sowie die sprachlichen Mittel, ihre Gefühle angemessen ausdrücken zu können.

Das Weltbild kleiner Kinder ist noch viel stärker egozentristisch geprägt als das von älteren Kindern oder Jugendlichen. Oft schieben sie anderen die Schuld dafür zu, wenn sie selbst ihre aufkommenden Gefühle von Unlust und Frustration nicht angemessen regulieren können.

Insofern sollten gerade Grundschullehrerinnen und -lehrer ein besonders feinfühliges Gespür für die Anhänglichkeit der Kinder entwickeln und bei emotionalen Ausnahmezuständen der Kleinen auch auf deren Bedürftigkeit schauen.

Je besser man solche Situationen managen kann, die Kinder kennt und versteht, desto leichter fällt es, dann auch auf vermeintlich aggressives Verhalten einzugehen, es zu verstehen, es nicht persönlich zu nehmen, eventuell den Eigenanteil daran zu erkennen und entspannt damit umzugehen.

Mit Kompetenz gegen Regelbrüche

Konflikte unter Kindern regeln

Lehrkräfte benötigen außerdem ein besonderes Gespür dafür, wann überhaupt eine Intervention, ein Einmischen nötig ist. Denn wann es sich bei kindlichen Auseinandersetzungen um Spiel, einen Konflikt oder um Gewalt handelt – diese Grenzen sind auf den ersten Blick nicht immer eindeutig zu ziehen.

Novara und Di Chio geben dazu einen wichtigen Hinweis: Sie merken an, dass Gewalt andere spezifische Merkmale aufweist als Konflikte, denn Konflikte richten keine unwiderruflichen Schäden an. Im Gegenteil, sie bewahren das Entwicklungspotenzial einer Situation. Im Konflikt geht es allein darum, die Beziehung zu bewahren, der Gewalt geht es darum, sie zu zerstören.[4]

Die Lösung von Konflikten sollte man, wenn möglich, erst einmal den Kindern überlassen, denn anderenfalls nimmt man ihnen die Möglichkeit, selbst Konfliktlösungsstrategien zu entwickeln. Was das Kind kann, sollte es auch tun (dürfen). Häufig sind Kinder auch mit völlig anderen Lösungen zufrieden, als Lehrkräfte (Erwachsene) dies in ähnlichen Situationen sind.

Konflikte, die Regelbrüche nach sich ziehen, müssen nicht unbedingt immer sofort von Lehrkräften geregelt werden. Besser lässt man die Kinder erst einmal selbst versuchen, den Konflikt mit den eigenen zur Verfügung stehenden Mitteln zu lösen.

Gut dran ist eine Schule, die über Konfliktlotsen oder Streitschlichterinnen verfügt. Dann können Lehrkräfte bestimmte Konflikte delegieren und die Kinder bekommen die Chance, Konflikte in Eigenregie zu bearbeiten.

Daniele Novara und Caterina Di Chio fordern von Lehrkräften, Konflikte ins Zentrum der pädagogischen Arbeit zu stellen und ein Recht der Kinder auf Streit anzuerkennen. So sollen Kinder Konflikte als normal erleben dürfen. Insofern muss ihrer Meinung nach das weit verbreitete Tabu an Schulen, wonach sich gutes erzieherisches Handeln dadurch auszeichnet, dass es möglichst keine Auseinandersetzungen gibt, entkräftet werden.

Ohne Auseinandersetzung kein soziales Lernen

Wer Kindern Auseinandersetzungen verbietet, verwehrt ihnen fundamentale Lernprozesse – und ein Mangel an Konfliktfähigkeit führt dann häufig zu Gewalt. Je stärker Lehrkräfte Auseinandersetzungen unter Kindern abwehren und unterbinden, je häufiger sie nach dem traditionellen *Wer hat angefangen-/Wer hat schuld-Muster* arbeiten, desto weniger lernen die Kinder, ihre Impulse, Emotionen und Handlungen selbst zu steuern. Vielen Lehrkräften fällt es schwer, Konflikten positiv zu begegnen. Viel lieber geben viele Lehrerinnen und Lehrer allzu schnell dem inneren Kontroll- und Sanktionswunsch nach.[5]

4 Vgl. Novara, Daniele/Di Chio, Caterina: Gut streiten will gelernt sein! Schülerkonflikte verstehen und erfolgreich managen. AOL-Verlag 2016, S. 14f.

5 Vgl. Novara, Daniele/Di Chio, Caterina: Gut streiten will gelernt sein! Schülerkonflikte verstehen und erfolgreich managen. AOL-Verlag 2016, S. 18ff.

Mit alten Konflikttabus brechen

Deshalb sind Lehrkräfte gut beraten, Konflikte und Regelbrüche nicht als problematisch wahrzunehmen, sondern als Ressource zu betrachten und zu nutzen.

So benötigen Lehrkräfte neben einer sensiblen Einschätzungsgabe auch ein breites Wissen über neurowissenschaftliche Verhaltenszusammenhänge und lerntheoretische Voraussetzungen, um das Verhalten der Kinder einerseits zu verstehen und es andererseits mit geeigneten Mitteln lenken und fördern zu können.

Dafür müssen Lehrkräfte stets auch steuerungsaktiv sein. Sie müssen wissen, wie man Gruppen führt und zu Zielen bringt. Was bedeutet, dass Lehrkräfte immer auch stark an der eigenen Persönlichkeitsentwicklung arbeiten und sich die entsprechende kommunikative Führungsexpertise aneignen sollten, damit sie durch Stimme, Körpersprache, Rhetorik, Kinesik und Proxemik für Gruppen wirksam werden können.

Je besser die soziale Kompetenzexpertise von Lehrkräften entwickelt ist, je besser ihr Wissen über kindliches Verhalten und psychologische Zusammenhänge ausgebildet ist, desto gelassener und professioneller können sie sich in pädagogisch herausfordernde und anspruchsvolle Situationen hineindenken. Desto nachhaltiger, entspannter und konstruktiver können sie auch mit abweichendem Verhalten wie Regelbrüchen umgehen.

Wer darüber hinaus versteht, dass Regelbrüche nichts Außergewöhnliches oder Mystisches in sich bergen, wer erkennt, dass auch Konflikte zwingend zum Schulalltag dazugehören, wird ein für die Kinder und das eigene Wohlergehen vorteilhaftes Mindset entwickeln.

Führungskräfte brauchen ein spezielles Mindset

Für ein derartiges Verständnis bedarf es Führungs- bzw. Managementqualitäten, einer grundsätzlich positiven und optimistischen Einstellung Kindern gegenüber und einer ausbalancierten Persönlichkeit. Managementqualitäten sind gefragt, weil Lehrkräfte, wie es Mangerinnen und Manager auch tun, Gruppen zu Zielen führen. Grundschullehrerinnen und -lehrer bereiten Kinder möglichst gut auf weiterführende Schulen vor.

Es braucht dazu eine klare und professionelle pädagogische Einstellung und, wie bereits ausgeführt, ein ebenso klares Rollenverständnis, das es erlaubt, herausfordernde Situationen positiv und ressourcenorientiert anzunehmen und zu bewältigen.

Gute Führungsarbeit ist immer auch Präventionsarbeit. Insofern kommen meist die Lehrkräfte häufiger in Bedrängnis, die über weniger Führungskompetenzen und ein eher diffuses Rollenbild verfügen.

Lehrkräfte brauchen ein großes Kompetenzportfolio

Entscheidend für konfliktbeladene Situationen und deren Bearbeitung ist, wie sie gedeutet werden. Wie bewertet die Lehrkraft die Situation, den Regelbruch? Welches Verhältnis pflegt sie Konflikten und Streit gegenüber? Welches Wissen hat sie über psychologische und neurowissenschaftliche Zusammenhänge? Welches Standing hat sie in der Gruppe? Ist sie konfliktfreudig, ist sie konfliktscheu oder weicht sie Problemen eher aus und tabuisiert sie? Ist sie mit sich selbst, mit der eigenen Biografie im Reinen? Verfügt sie über eine gefestigte, ausbalancierte und lernfähige, offene Persönlichkeit? Oder fällt sie aufgrund eigener, biografisch bedingter Verletzlichkeiten vorschnell Urteile über Schülerinnen und Schüler und projiziert die Schuld für Konflikte und Regelbrüche schnell auf andere?

Regelbrüche und Deutung

Jede Lehrkraft sieht und deutet Regelbrüche etwas anders. Umso wichtiger ist es, die Regelarbeit gemeinsam im Kollegium abzustimmen. Geschieht dies nicht, obliegen die Bewertung des Regelbruchs und die damit verbundenen Folgen der individuellen Interpretation einer Lehrkraft und ihrem subjektives Mindset.

Folgende Faktoren beeinflussen die individuelle Deutung eines Regelbruchs:

- Persönlichkeit der Lehrkraft
- Einstellung (das Mindset) der Lehrkraft
- pädagogisches Kompetenzportfolio
- aktuelle psychische und physische Verfassung
- Ideal von einem rein harmoniegeprägten und friedvollen Beisammensein aller in einer Klasse
- wenig eindeutige Absprachen und ein fehlender einheitlich verabredeter Regelkanon an der Schule

Kinder benötigen in der Schule die Eindeutigkeit, Nachvollziehbarkeit und Verlässlichkeit von Regeln als Anker.

Lehrkräfte sollten deshalb ein bestmöglich miteinander abgesprochenes Reaktionsschema zeigen, das den Kindern bekannt ist und auf das sie sich verlassen können. Deshalb ist es förderlich, bei der gemeinsamen Erarbeitung der Regeln zusammen mit den Kindern auch die Konsequenzen zu vereinbaren, die Regelbrüche nach sich ziehen. Wenn alle wissen, woran sie sind, was sie erwartet, ist das ein sehr guter pädagogischer Anker für die eigene Verhaltenssteuerung.

Leider fehlen solche Absprachen an vielen Schulen und viele Lehrkräfte bleiben Einzelkämpferinnen und Einzelkämpfer mit ihrer Regelarbeit. Selten gibt es ein einheitliches Regelmanagement. Denn viel zu selten wird Regelarbeit an Schulen zu einem wirklichen Thema für alle gemacht. Gerade die Regelarbeit in den Fokus einer Schule zu nehmen, ist aber unbedingt nötig, weil alle davon profitieren.

Regelbrüche und das Bild von Schülerinnen und Schülern

Lehrkräfte reagieren auf Regelbrüche verschiedener Kinder auch verschieden – das ist oft nicht zu vermeiden. Die Reaktion der Lehrkraft hängt auch davon ab, welche individuellen Erfahrungen sie mit einer regelbrechenden Schülerin oder einem regelbrechenden Schüler bereits gemacht und welches Bild sie von dem Kind abgespeichert haben.

Selektive Wahrnehmung wirkt kontraproduktiv

Sind bestimmte Kinder von der Lehrkraft bereits als *schwierig* oder *verhaltensauffällig,* als *regel-* oder *lernresistent* etikettiert und damit in gewisser Weise abgestempelt worden, dann erwartet die entsprechende Lehrkraft von diesem Kind möglicherweise bereits ein nicht regelkonformes Verhalten. Dementsprechend sensibler wird sie auf ein solches Kind schauen (und dafür nicht so sehr auf die anderen). Dafür sorgt unser selektives Wahrnehmungsvermögen. Das, worauf wir uns fokussieren und was wir erwarten, sehen wir dann auch entsprechend intensiver und in verengter Perspektive. So gerät ein sogenanntes *schwieriges* Kind viel eher wieder in den Fokus der Lehrkraft. Lehrkräfte aber sollten stets neutral sein – allen Kindern gegenüber und sich ihnen gegenüber auch so verhalten.

Der Pygmalion-Effekt

Zeigen Lehrkräfte den Kindern unbewusst, was sie von ihnen erwarten oder halten, so überträgt sich die Haltung auf das Kind, denn es integriert die Einstellung der Lehrkraft ihm gegenüber in sein Selbstkonzept. Das kann dann positive und motivierende Auswirkungen auf das Lernen haben, aber leider auch negative, wenn das Kind merkt, dass die Lehrkraft ihm gegenüber Vorbehalte hat oder eine Abneigung verspürt. Gerade Schülerinnen und Schüler mit einem wenig ausgeprägten Selbstbewusstsein und entsprechend mangelhaft ausgebildeten sozialen Kompetenzen reagieren dann häufig emotional ungebremst.

Gehen Lehrkräfte unbewusst bei bestimmten Schülerinnen und Schülern von einem nicht regelkonformen Verhalten aus, dann stellt sich der sogenannte Pygmalion-Effekt ein, der wie eine sich selbst erfüllende Prophezeiung wirkt. Dann werden Lehrkräfte ihren Fokus in Klassen anders setzen. Sie werden bestimmte Kinder schon bei Unterrichtsbeginn, folglich vor einem möglichen, aber keinesfalls sicher stattfindenden Regelbruch, auf dem berühmten Kieker haben, weil sie den Schüler oder die Schülerin bereits mit einem Fehlverhalten in Beziehung setzen, dieses von ihm oder ihr mehr oder weniger erwarten.

Bei solchen Kindern kann es dann viel schneller zu einer emotional-persönlichen Reaktion oder auch Bestrafung durch die Lehrkraft kommen. Anders als bei Kindern, die eher unauffällig daherkommen und noch nicht das Stigma *schwierig* tragen, weil von ihnen eher regelkonformes Verhalten erwartet wird.

Trennung von Person und Verhalten ist Voraussetzung für gelingendes Intervenieren

Fühlt sich eine Lehrkraft von bestimmten Kindern schnell persönlich angegriffen oder beleidigt, wird die Antwort emotional ausfallen. Ist sie in der Lage, den Regelbruch der bereits als *schwierig* Stigmatisierten genauso zu deuten wie den der anderen, kann Intervention gelingen, weil die professionelle Distanz gegeben ist. Verurteilt die Lehrkraft das Kind wegen seines Verhaltens als Person oder beschreibt sie lediglich, welches Fehlverhalten es gezeigt hat? Diese Trennung von Person und Verhalten ist Voraussetzung dafür, dass eine Intervention gelingt.

Werden Kinder verurteilt oder vorverurteilt, so richtet sich die Verurteilung meist gegen sie als Person und weniger gegen ihr Verhalten. Wer verurteilt, bestraft möglicherweise auch schneller. Strafen aber bewirken meist das Gegenteil von dem, was Lehrerinnen und Lehrer eigentlich bezwecken wollen: eine Verhaltensänderung der Kinder.

Wird hingegen das Fehlverhalten nur beschrieben, so kann der Regelbruch zwar trotzdem als pädagogische herausfordernde Situation erlebt werden. Aber für das regelbrechende Kind (und alle anderen) kann emotionsfrei ein soziales Lernszenario kreiert werden, das auf eine Verhaltensänderung abzielt und sich nicht gegen die Kinderpersönlichkeit richtet.

Mit dem annahmeverträglichen Managen eines Regelbruchs wird Kindern eine Möglichkeit gegeben, ihre mangelhaft ausgebildeten sozialen Kompetenzen weiterzuentwickeln und ihr nicht akzeptables Verhalten so zu verändern, dass sie sich bei nächster Gelegenheit sozial kompetenter verhalten können. Diese Chance wird beim Verurteilen der Schülerpersönlichkeit und beim reinen Sanktionieren von Fehlverhalten leider vertan.

Regelbrüche und Mindset

Wie bereits erwähnt, spielt bei der Beurteilung eines Regelbruchs immer auch die grundlegende Haltung und Einstellung, das individuelle Mindset zu Disziplin, Regelbrüchen und Kindern, eine große Rolle. Das Selbstverständnis einer Lehrkraft sollte deshalb von Selbstreflexionswillen dem eigenen Rollenbild, Rollenverständnis und Handeln gegenüber geprägt sein. Weil das eigene Handeln stets das Produkt der eigenen subjektiven Theorien ist, die man selbst gebildet hat. Neue Perspektiven führen zu neuen Theorien und damit möglicherweise auch zu einem breiteren Spektrum an Handlungsmöglichkeiten.

Die coole Lehrkraft behält die Kontrolle

Welch entscheidende Bedeutung der eigenen Haltung zukommt, illustriert sehr deutlich ein Zitat von Marshall Rosenberg, dem Begründer der gewaltfreien Kommunikation, der sinnbildlich sagt: *Es ist nicht wichtig, dass ich von einem Schüler angeschrien wurde, sondern dass ich darüber weder Wut noch Entrüstung empfand, sondern echtes Mitgefühl.*[6]

Die entscheidende Rolle bei der Interpretation eines Regelbruchs spielt hier das pädagogische Bewusstsein der Lehrkraft, ihre Einstellung zu Regelbrüchen und regelbrechenden Schülerinnen und Schülern allgemein.

6 Singgemäß zitiert nach: Rosenberg, Marshall: Gewaltfreie Kommunikation. Eine Sprache des Lebens. Junfermann 2004, S. 21.

Das pädagogische Selbstkonzept ist wertebasiert und hat großen Einfluss

Das pädagogische Selbstkonzept hat besonders im mikrosozialen Bereich zwischen Lehrkraft und Kind entscheidenden Anteil daran, ob pädagogische Arbeit gelingt oder nicht. Dazu zählen biografische Einflüsse, das berufliche Selbstbild und Selbstverständnis, das Bild von Grundschulkindern wie Lehrkräften sowie die Vorstellungen über Unterrichtsabläufe und Lernziele, das Verständnis von Bildung, vom Umgang miteinander etc.

Dass Verständnis dafür, dass Konflikte und Regelbrüche zum Schulalltag dazugehören, hilft, den Lehrberuf weitaus entspannter, unaufgeregter und wirkungsvoller ausüben zu können. Ein solches Selbstverständnis schützt auch vor fehlender professioneller Distanz.

So kann nach Marshall Rosenberg beispielsweise ein Kind eine Lehrkraft gar nicht beleidigen oder persönlich angreifen – eine Lehrkraft kann sich nur angegriffen fühlen. Schreit ein Kind in Richtung Lehrkraft und fühlt sich diese persönlich angegriffen, so sind laut Marshall Rosenberg die Gründe dafür in der Biografie und in der Persönlichkeit der Lehrkraft zu suchen, nicht aber im Verhalten des Kindes. Was nicht bedeutet, mit dem Verhalten einverstanden zu sein und nicht zu intervenieren.

Marshall Rosenberg zufolge sollten Lehrkräfte persönlich so gefestigt sein, dass sie keinerlei negative Gefühle beim Regelbrechen eines Kindes empfinden und entwickeln.
So erhalten Regelbrüche erst durch die entsprechende Interpretation einer Lehrkraft ihre jeweilige Dynamik. Solange Lehrkräfte diesbezüglich sehr unterschiedliche Interpretationsweisen verfolgen, kann die Dynamik produktiven oder destruktiven Charakter haben. Mit einem elastischen, offenen und flexiblen, nicht von zu hohen Idealen geprägten Mindset kann man die Dynamik eher in eine positive und lösungsorientierte Richtung lenken.[7]

Das Kind und sich selbst verstehen lernen

Professionell agierende Lehrkräfte sollten wissen, dass das Kind im Augenblick des Regelbrechens oft einfach nicht anders handeln kann, sein Organismus es mangels erlernter Handlungsalternativen sozusagen im Stich lässt. Das Kind ist dann eben noch nicht in der Lage, seine Bedürfnisse und Wünsche so aufzuschieben, dass sein Verhalten sozial kompatibel ist; seine Frustrationstoleranz ist noch nicht so weit ausgebildet, dass es momentan auf die nicht erfüllten Bedürfnisse verzichten kann. Was nicht bedeutet, dass sein sozial nicht annehmbares Verhalten nicht zu bearbeiten wäre.

Empathie anstatt Wut zeigen

Bei einem solchen Interpretationsansatz kann die Lehrkraft dann sogar Empathie mit dem Schüler oder der Schülerin empfinden. Das funktioniert nur bei einer Lehrkraft, die mit sich und der eigenen Biografie im Reinen ist und die die psychologischen und neuronalen Verknüpfungen des Kindes versteht.

Trotzdem handelt es sich um ein nicht erwünschtes Verhalten, denn natürlich sollte ein Lehrer / eine Lehrerin nicht angeschrien werden, von wem auch immer. Das Kind benötigt Handlungsalternativen

7 Vgl. Rosenberg, Marshall: Gewaltfreie Kommunikation. Eine Sprache des Lebens. Junfermann 2004.

zu seinem unakzeptablen Verhalten, sodass es diese in sein Verhaltensschema integrieren kann. Das Kind sollte die Möglichkeit bekommen, in einer ähnlichen Situation beim nächsten Mal anders handeln zu können.

Schülerinnen und Schüler müssen dazu angehalten werden, einen sozial gekonnten Verhaltenskodex zu entwickeln. Das Lernziel lautet: in allen Lebenslagen ein sozial annehmbares Verhalten zeigen zu können. Oder zumindest ein Gespür dafür zu entwickeln, gegen welche Regeln man gerade verstoßen hat. Ansonsten behindert sich ein Kind weiterhin selbst in seiner Entwicklung.

Regelbrüche und Konfliktbiografie

Wie eine Lehrkraft einen Regelbruch einschätzt und beurteilt, hängt von vielen Faktoren ab. Die meisten davon spielen sich auf der individuellen und subjektiven Ebene der Lehrkraft ab. Dabei hat auch die eigene Konfliktbiografie einen großen Anteil.

In einer Situation, in der eine Lehrkraft sich zum Beispiel von einem Kind persönlich beleidigt fühlt, ist diese Lehrkräfte häufig erst einmal emotional getriggert. Eine andere Lehrkraft fühlt sich durch ein entsprechendes Verhalten des Kindes aber nicht beleidigt. Und wird demzufolge auch nicht getriggert. Woran liegt das?

Wenn man sich schnell persönlich angegriffen fühlt, sind meist bestimmte Persönlichkeitsbereiche verletzlich oder emotionale Wunden der Kindheit sind nicht geheilt.

Dazu können Sie sich fragen:

- Sind Sie mit der eigenen Biografie im Reinen?
- Gibt es da noch bestimmte emotionale Wunden, die einer weiteren Bearbeitung bedürfen?
- Gibt es bestimmte Problemfelder, in denen Sie besonders dünnhäutig unterwegs sind?
- Möchten Sie am liebsten auf bestimmte Dinge nicht angesprochen werden?
- Möchten Sie sich mit bestimmten Persönlichkeitsanteilen lieber nicht beschäftigen?

In der eigenen Konfliktbiographie zu stöbern hilft, sich selbst besser auf die Spur zu kommen

Oft fühlen sich Lehrkräfte persönlich angegriffen, zur Zielscheibe einer Aggression gemacht, obwohl das Verhalten des Kindes gar nicht an sie adressiert war. Die Lehrkraft dient möglicherweise als Stellvertreter oder Stellvertreterin für ein aggressives Verhalten, das ganz anders motiviert ist. Sie sind sozusagen nur Blitzableiter für eine aufgestaute Aggression eines Kindes.

Insofern gilt es für Lehrkräfte, sich selbst besser auf die Spur zu kommen und dabei die eigene Konfliktbiografie zu durchforsten:

- Welche Konfliktbewältigungsmuster haben Sie gelernt?
- Wie positionieren Sie sich Konflikten gegenüber?

- Von wem haben Sie dieses Verhalten wann gelernt?
- Mit welchen Mustern sind Sie aktuell beruflich unterwegs?
- Sind Sie eher konfliktscheu oder konfliktfreudig?
- Interpretieren Sie Konflikte als Chance und halten Sie sie für normal?
- Oder gehen Sie bei Konflikten automatisch in den Stressmodus und versuchen Sie, diese zu negieren, zu umschiffen, auszublenden oder zu verdrängen?
- Verfügen Sie über genügend geeignete Konfliktlösungsstrategien oder fühlen Sie sich in Konflikten schnell hilflos und ausgeliefert?
- Wie stehen Sie im Privatleben zu Konflikten? Gibt es da ähnliche Muster, denen Sie folgen? Gibt es ähnliche Felder, auf denen Sie sich schnell angegriffen oder verletzt fühlen?
- Stoßen Sie auch im privaten Umfeld in konfliktträchtigen Situationen schnell an eigene Grenzen?

Unsere Gedanken sind mächtige Kräfte – sie strahlen auch auf andere aus bzw. lassen uns in bestimmter Art und Weise auf andere wirken. Gerade wenn wir uns in Konflikte verstricken und diesbezüglich nicht klar sind, kommen unsere Emotionen, die von der Energie der Gedanken erzeugt werden, stärker ins Spiel. Bei negativen Gedanken entwickeln wir häufig Ängste und Abwehrverhalten.

Diese negativen Gedanken können wir durch anderes Denken steuern und loswerden. Das Refraiming ist ein erster Schritt. Warum nicht morgens aufstehen und die Frage stellen: Was will ich heute denken? Über Schülerinnen, Schüler, Schule, Kolleginnen und Kollegen ...

Selbstfürsorge

Wie Sie bereits wissen, ist der soziale Lernerfolg der Kinder immer davon abhängig, wie eine Lehrkraft aktuell reagiert. Deshalb sollten gerade Lehrkräfte auf ihren Energiehaushalt achten, denn der bestimmt die Tagesform entscheidend mit.

Häufig entscheidet die tagesaktuelle psychische Verfassung der Lehrkräfte stark mit darüber, wie konstruktiv und pädagogisch wertvoll die eigene Reaktion auf Regelbrüche ausfällt. Gestresste und überarbeitete Lehrkräfte haben meist nicht den vollen Zugriff auf ihre kognitiven Fähigkeiten, ein fragiles psychisches Korsett aber macht ihre Reaktionen störanfälliger und weniger verlässlich.

Der Begriff der Selbstfürsorge sollte deshalb gerade im Lehrberuf viel mehr in den Fokus rücken, denn viele Lehrkräfte fühlen sich durch ihre Arbeit erschöpft, überfordert, am Limit oder sogar darüber hinaus – ausgebrannt und psychisch wie physisch am Ende.

Selbstfürsorge zu betreiben, zeigt Professionalität

Wer sich abgearbeitet und ausgelaugt durch die Schule schleppt, wer genervt und gestresst von dem Verhalten eines Kindes ist, den bringen kleine, nichtige Anlässe schon aus der inneren Balance. Diese Lehrkraft wird demzufolge auch emotionsgesteuerter reagieren.

Wer stets am Limit arbeitet und sich keine wirklichen Pausen gönnt, der wird psychisch wie physisch sehr viel fragiler unterwegs sein als Kolleginnen und Kollegen, die ihre Pausen effektiv nutzen, um sich zu erholen und den eigenen Energietank wieder aufzufüllen. Sich selbst und die eigene Arbeit so zu organisieren, dass man durch bestimmte Rituale nicht in den Stressmodus gehen muss, ist ein wichtiger Teil der Selbstfürsorge.

Ein großes Thema dabei ist zum Beispiel die Nutzung der Pausen in Schulen. Häufig hat man den Eindruck, dass Lehrkräfte zu der einzigen Berufsgruppe gehören, die anscheinend keine Pausen benötigen. Denn sie arbeiten in den Pausen häufig weiter, führen Elterngespräche, korrigieren Arbeiten oder halten Konferenzen ab.

Auch das bewusste Begrenzen der eigenen Arbeitszeit fällt vielen Lehrkräften schwer; geleitet vom Mutter-Teresa-Prinzip ackern und schuften sie rund um die Uhr, als gäbe es kein Morgen. Dass sie sich und anderen damit nicht Gutes tun, scheinen sie nicht in Betracht zu ziehen, eher brüsten sie sich noch mit ihrer Aufopferungshaltung. Die aber führt schnell in den Burn-out.

Um aber pädagogisch wirksam zu bleiben, benötigt man Energiereserven, auf die man jederzeit eben auch in herausfordernden pädagogischen Situationen zurückgreifen kann. Sommerferien allein können keinen über das Jahr leer gefahrenen Tank wieder zur Genüge auffüllen.

Einschränkende Muster verändern

Ob im Privatleben oder Beruf, wir folgen häufig unbewusst bestimmten Mustern, einem festen inneren System. Dieses beruht auf ganz bestimmten Glaubenssätzen, die wir meist in der Kindheit oder frühen Jugend erlernt und verinnerlicht haben. Diese meist unbewussten Überzeugungen bestimmen unser Tun und Handeln, leiten uns an, bestimmte Dinge so und nicht anders zu tun oder besser ganz zu lassen.

Unsere Muster wirken natürlich auch im beruflichen Kontext, wenn es um Haltungen geht bezüglich der Themen Disziplin und mit Blick auf Schülerinnen und Schüler, die bestimmte Regeln nicht einhalten. Alle Lehrkräfte haben dazu eine ganz bestimmte Haltung entwickelt. Diese bestimmt weitgehend ihr Denken und Handeln.

Wer sich von obsoleten Mustern lenken lässt, kann schnell den Anschluss verlieren

Wenn wir uns aber in herausfordernden pädagogischen Situationen vom Gewohnheitshandeln leiten lassen, werden wir den an uns gestellten Ansprüchen oft nicht mehr gerecht.

Wenn aus Gewohnheiten Routinen werden, Rituale, an die wir uns gewöhnt haben und die wir unbewusst für hilfreich halten, dann stecken wir oft gedanklich und in unserem Handeln fest. Gewohnheitshandeln beruht auf einem festen Mindset, auf einer nicht hinterfragten Haltung und auf Überzeugungen, die wir nie oder lange nicht mehr geprüft haben auf ihre aktuelle Tauglichkeit hin. Diese Gewohnheitshandlungen können sich im aktuellen Tagesgeschäft als nicht (mehr) praktikabel und tauglich erweisen. Dann machen sie uns unproduktiv, behindern und lähmen, anstatt uns weiterhin hilfreich zu sein.

Bestimmte Muster haften uns ein Leben lang an

Leider sind solche Muster äußerst mächtig. Wir lassen uns oft viel zu lange von ihnen leiten, weil wir an sie gewöhnt sind, sie uns immer noch tauglich oder richtig erscheinen. Viele Muster hinterfragen wir so lange nicht, bis wir an unüberwindliche Grenzen stoßen und nicht weiterwissen. Aber selbst dann bewegen sich viele Menschen lieber weiter in der vermeintlichen Komfortzone und leiden lieber still oder laut weiter, als etwas zu verändern.

Wenn uns bewusst wird, dass wir mit bestimmten Handlungsweisen immer wieder an Grenzen stoßen, nicht weiterkommen, ohne genau zu wissen, warum, dann ist es höchste Zeit, die alten Denkmuster zu hinterfragen, aufzugeben und durch neue zu ersetzen.

Dann sollten wir unsere subjektiv gebildeten Theorien entweder mit anderen subjektiven Theorien abgleichen, uns also mit anderen austauschen, oder uns mit dem wissenschaftlich aktuellen Stand vertraut machen, uns fort- und weiterbilden. Für ein professionelles Handeln braucht es sowohl eine systemische Perspektive als auch ein theoriebegleitendes Lernen und Auseinandersetzen mit aktuellen wissenschaftlichen Standards.

Starre, unflexible Mindsets und Muster behindern die pädagogische Arbeit

Wir handeln gerne musterhaft, wenn es um alltägliche, oft belanglose Dinge geht, bei denen kein langes Nachdenken nötig ist. Aber in herausfordernden Situationen, die gerade im beruflichen Kontext häufig auftauchen, helfen uns bestimmte Muster einfach nicht weiter, weil sie unsere Kreativität und Flexibilität erheblich einschränken.

Sich alter Muster bewusst zu sein, ist ein erster Schritt zur Veränderung. Muster zu verändern, ist jedoch ein starkes Stück Arbeit. Dabei kann helfen, neue Möglichkeiten gedanklich durchzuspielen: Da uns unser Unterbewusstsein alles glaubt, nützt es, gedanklich durchzuspielen, welche Perspektiven sich durch andere Handlungsmöglichkeiten ergeben könnten und wie sich das anfühlen würde.

- Was würde sich ergeben, wenn wir das Gegenteil von dem denken würden, was wir bisher gedacht haben?
  - zum Beispiel über Schülerinnen und Schüler
  - über Regelbrüche
  - über Konflikte
- Wie würde es sich anfühlen, wenn Ihnen plötzlich neue Handlungsmöglichkeit in Klassen zur Verfügung stünden?
- Was würde sich dadurch für Sie beruflich und persönlich verändern?

Respekt und Wertschätzung vorleben

Kinder sollten einen sachlichen und sozialverträglichen Austausch von unterschiedlichen Sichtweisen erlernen. Dafür brauchen sie entsprechende Kompetenzen. Zu diesen Kompetenzen zählt zum Beispiel, gut oder aktiv zuzuhören und sich in die Perspektive anderer hineinversetzen zu können. Zum anderen muss man Respekt und Wertschätzung auch anderen Meinungen gegenüber entwickeln, um diese gelassen anhören und „ertragen“ zu können. Man sollte in der Lage sein, sich sachlich mit den Ansichten anderer auseinanderzusetzen und eigene Kritik sozialverträglich an andere kommunizieren zu können. Kinder müssen dies lernen. Als Lehrkraft sollten Sie im Bereich der sozialen Kompetenz mit gutem Beispiel vorangehen, denn Sie sind ein wichtiges Vorbild für die Kinder.

Sozial kompetente Lehrkräfte agieren schulklimafreundlich

Mit der Verschiebung des pädagogischen Fokus auf die soziale Kompetenzbildung der Kinder erleichtern sich Lehrkräfte ihre Arbeit immens. Wer beginnt, möglichst früh und altersgerecht bei Kindern soziale Kompetenzen zu schulen, wird die Früchte der Arbeit sehr bald ernten dürfen.

Auch jüngere Schülerinnen und Schüler können behutsam und entwicklungsgerecht an soziale Kompetenzen herangeführt werden. Rollenspiele sind dabei sehr hilfreich und empfehlenswert.

Je früher und besser es Lehrkräften gelingt, Kinder für sozialverträgliches Verhalten zu sensibilisieren, desto besser wird sich das auf die Konfliktkultur in einer Klasse, das gesamte Lernklima und natürlich auch auf die gemeinsame Kooperation auswirken.

Wertschätzung und gegenseitiger Respekt sind Währungen, die immer hoch im Kurs stehen. Arbeiten Sie immer modellhaft und seien Sie deshalb besonders in dieser Hinsicht stets ein gutes Vorbild für die Kinder.

Klare Standards definieren

Lehrkräfte, die Regelbrüchen gegenüber eine eher lässige und wenig proaktive Haltung pflegen, die Regelarbeit eventuell sogar für ein lästiges oder überflüssiges Arbeitsfeld halten, bereiten damit Regelbrecherinnen und Regelbrechern einen besonders guten Humus.

Wenn gar nicht oder nur sehr oberflächlich auf kontraproduktive und nicht regelkonforme Verhaltensweisen junger Menschen vonseiten der Lehrkräfte Einfluss genommen wird, dann wird die Schule schnell zu einem rechtsfreien Raum, einer pädagogischen No-go-Area.

Regelbrüche verlangen nach Konsequenz

Die oft gehörte Einstellung, man dürfe Regelbrecherinnen und Regelbrechern bloß nicht zu nahe treten, sie nur nicht noch weiter reizen, ist fatal. Oft wird in einer rein verstehenden Pädagogik die Verletzlichkeit von Regelbrecherinnen und Regelbrechern überbewertet. Mit dieser Überzeugung richtet man sich in einer bequemen Passivhaltung ein und geht fehl in der Annahme, regelbrechende Kinder werden ihr Verhalten schon irgendwann von selbst verändern. Wer solche Überzeugungen teilt, nimmt diesen Kindern Lernchancen und auch deren zukünftige Opfer billigend in Kauf.

Lehrkräfte müssen auch Schutzfunktion erfüllen

Lehrkräfte haben auch die Aufgabe, Kinder zu schützen: vor sich selbst und vor anderen. Schule sollte als ein geschützter Lernraum begriffen werden, in dem sich Kinder angstfrei ausprobieren können. Eine Schule als rechtsfreier Raum nützt niemandem.
Insofern müssen Lehrkräfte, muss eine Schule den eigenen Standard, was Verhaltensweisen angeht, klar und eindeutig definieren. Jedes nicht regelkonforme Verhalten, das keine Konsequenzen erfährt, egal aus welchen Motiven, definiert den eigenen Standard.

Regelbrecherinnen und Regelbrecher brauchen Hilfe und Peilung

Unser biologisches Programm braucht einerseits gute Erfahrungen mit anderen Menschen in Form emotionaler Zuwendung und Anerkennung. Und es braucht auch Grenzziehung, Anleitung, Hilfe und Lernmöglichkeiten. Um ein nicht prosoziales Verhalten verändern zu können, muss der Weg dorthin klar definiert sein und begleitet werden – dafür müssen Ziele formuliert und vereinbart werden. Und es sollten Wegmarken dabei helfen, den Verhaltensspielraum deutlich zu machen.

Autoritäres Auftreten hilft niemandem

Wer mit Neurodidaktik ein wenig vertraut ist, weiß, dass autoritäres Auftreten von Lehrkräften wie aus der Zeit gefallen wirkt. Wer allein auf autoritäres Verhalten setzt, zeigt mehr oder weniger letzte hilflose Versuche, eine außer Kontrolle geratene Situation bar jeden pädagogischen Einflusses wieder einzufangen.

Wer in herausfordernden pädagogischen Situationen schreit, brüllt, unangemessen laut wird oder außer sich gerät, wer Schüler kleinzumachen versucht oder Schülerinnen persönlich demütigt, schafft zwar möglicherweise schnell wieder Ruhe. Diese aber wird immer oberflächlich und trügerisch sein, denn damit sind die eigentlichen Probleme ja noch lange nicht aus dem Klassenzimmer. Zwar ist die Lehrkraft erst einmal erleichtert, weil sie sich die Möglichkeit einer Affektabfuhr verschafft hat und die Kinder wieder still sind. Es bleibt aber ein fader Beigeschmack, weil damit pädagogisch noch gar nichts für betreffende Schülerinnen und Schüler auf den Weg gebracht ist.

Angst und Einschüchterung sind keine pädagogischen Tools

Insofern verkörpert die Lehrkraft, die schimpft und flucht, ein verheerendes Modell für ihre Schulkinder. Kindern Angst einzujagen, ist kein pädagogisch wertvolles Tool. Einschüchterung und Bedrohung sind ungeeignete Werkzeuge.

Es ist die Aufgabe aller Lehrkräfte, auf Fehlverhalten der Schülerinnen und Schülern möglichst zeitnah und vor allem angemessen und vorbildlich zu reagieren. Ansonsten senden Lehrkräfte völlig falsche Signale aus.

Falsche Toleranz bei Regelbruch führt schnell ins Abseits

Wer das Fehlverhalten Einzelner oder ganzer Klassen toleriert, begibt sich auf sehr dünnes Eis. Damit werden sehr fragwürdige Standards gesetzt, wird die eigene pädagogische Wirksamkeit letztlich torpediert. Lehrkräfte tun sich damit kurz- wie langfristig keinen Gefallen.
Häufig hört man als Argument, dass schließlich das Fach im Mittelpunkt schulischer Arbeit stehe und nicht die Konfliktarbeit. Außerdem könne man ja wertvolle Unterrichtszeit nicht nur der Konfliktarbeit widmen. Dem muss ich entgegnen:

Unser Gehirn liebt den Ruhemodus

Konfliktarbeit sollte immer vor Facharbeit gehen. Denn andernfalls ist neurobiologisch gar kein nachhaltiges Lernen möglich, weil die Gehirne der Kinder allein mit dem ungelösten Konflikt beschäftigt sind. Unser Gehirn strebt nach Ruhe (Konvergenz) und will Stress stets mit allen Mitteln loswerden, um den eigenen Energieverbrauch möglichst niedrig zu halten.
Wer also nicht eingreift, eröffnet einerseits Regelbrüchen Tür und Tor, andererseits verwehrt er den Kindern damit aus neurobiologischer Sicht auch noch nachhaltige Lernchancen.
Wer den Kindern das Feld unkontrolliert überlässt, eröffnet schnell rechtsfreie Räume, die dann von den Kindern zum eignen Vorteil besetzt und genutzt werden können. Eine Rückgewinnung des verlorenen Territoriums kostet Lehrkräfte dann unnötig viel Zeit und Kraft. Deshalb ist Intervention immer besser und kräftesparender als eine anschließende Kuration.

Aus diesem Grund sollte man die Fragilität permanent regelbrechender Kinder nicht überschätzen und zeitnah ein Statement setzen für den eigenen Standard. Denn alles, was ich als Lehrkraft akzeptiere, ist mein Standard.

Selbstkontrolle

Jede Lehrkraft sollte sich folgende Regel zu eigen machen, die in Konfliktfällen erst einmal weiterhilft:

In der Ruhe liegt die Kraft.

Stets Ruhe bewahren und cool bleiben – gerade dort, wo es manchmal schwerfällt. Je härter der Konflikt erscheint, desto ruhiger sollte die Haltung der Lehrkraft sein. Das wirkt deeskalierend für alle. Mit Selbstkontrolle und Ruhe bleibt die eigene Perspektive offen für eine klare Bestandsaufnahme der konfliktträchtigen Situation und für mögliche Lösungen. Außerdem geben Sie für andere ein positives Modell ab. Sie demonstrieren, dass es auch in Konflikten keinen Anlass gibt, aus der Haut zu fahren.

Wer schreit, laut und unkontrolliert reagiert, kann von anderen auch keine Ruhe und Contenance verlangen.

Wenn Sie Ruhe bewahren, stabilisieren Sie die Beziehungsebene zum regelbrechenden Kind. Die ist wichtig, um weiterhin im Gespräch und miteinander verbunden zu bleiben. Wer den anderen als Person angreift, anklagt oder für das Fehlverhalten als Person verurteilt, verliert schnell Kontakt und pädagogischen Einfluss. Wer friedfertige Kinder möchte, sollte ein entsprechendes Vorbild liefern.

Konflikte friedfertig und ruhig zu moderieren, bringt den besten Lernerfolg

Mit Ruhe und Gelassenheit behalten Sie die Handlungshoheit über die Situation. Wenn Sie ruhig und besonnen reagieren, können Sie auf Ihr gesamtes kognitives und kreatives Potenzial zugreifen.

Zudem können Sie die Verantwortung an das regelbrechende Kind selbst delegieren und dadurch Ihre Führungsposition untermauern. Denn: Wer fragt, der führt. Auch gute Führung wirkt modellhaft. Warum müssen Sie als Lehrkraft bestimmen, was zu geschehen hat? Auch das regelbrechende Kind kann sich eine Wiedergutmachung einfallen lassen. So delegieren Sie Verantwortungsübernahme für nicht akzeptables Verhalten.

So können Sie konkret vorgehen:
Fragen Sie, gegen welche Regel das regelbrechende Kind gerade verstoßen hat. Fragen sie dann den Regelbrecher / die Regelbrecherin, ob er/sie die entsprechende Regel erinnert. Das nimmt Druck aus der Situation und geht bereits Richtung Lösung und Lernprozess.

Lerntheorie berücksichtigen

Warum als Lehrkraft nicht mal richtig aus der Haut fahren und Regelbrecherinnen und Regelbrechern mal richtig die Meinung geigen?! Zeigen, dass man stinksauer und angefressen ist? Lehrkräfte haben schließlich auch Gefühle!

Richtig – und die darf man auch haben, nur sollte man sie in die richtigen Bahnen lenken können. So können Sie emotional intelligent handeln.

Weil dem Lernen durch Beobachten oder dem Lernen am Modell zentrale Bedeutung zukommt, ist es enorm wichtig für Lehrkräfte, stets ein gutes Modell für die Kinder abzugeben. Das bedeutet, gerade in Konfliktsituationen, besonders auf Contenance und Emotionskontrolle zu achten. Sonst lernen Kinder an untauglichen Modellen und von denen gibt es leider schon genügend.

Kinder müssen der Theorie des Modellernens zufolge nicht jede Lernerfahrung selbst machen. Sie lernen auch dadurch, dass sie andere und ihr Verhalten beobachten. Wenn sie dieses Verhalten im Gedächtnis abspeichern, können sie es auch reproduzieren.

Hat der oder die Beobachtete mit seinem / ihrem Fehlverhalten Erfolg, so lernt das beobachtende Kind, dass es auch mit diesem Verhalten Erfolg haben könnte. Das könnte motivieren, Fehlverhalten zu reproduzieren.

Regelbrüche sind die besten sozialen Lernszenarien für alle

Die Bearbeitung jedes Regelbruchs in einer Gruppe ist ein Lernszenario für alle Gruppenmitglieder. Weil Lehrkräfte prosoziales Verhalten aller Schülerinnen und Schüler ansteuern, weil es Gruppen hilft, fachliche Lernziele besser zu erreichen, wenn Regeln häufiger eigehalten werden, sollten prosoziale Verhaltensmuster als Norm für alle unmissverständlich verbindlich gemacht und eingeübt werden.

Das passiert am besten, wenn prosoziales Verhalten positiv verstärkt und nicht gewolltes Verhalten für alle sicht- und erlebbar schnell unterbrochen wird.

Was auf jeden Fall kontraproduktiv wirkt, ist das leider auch unter vielen Pädagoginnen und Pädagogen gepflegte Bestrafen bestimmter Regelbrecherinnen und Regelbrecher. Sanktionen allein führen leider nicht zum gewünschten Ziel, zu einer Verhaltensänderung. Sie bewirken oft leider genau das Gegenteil.

Strafen sind kontraproduktiv für den Lernprozess

Strafen haben viele Nachteile: Sie gefährden zum einen die wichtige Beziehungsebene zwischen Lehrkraft und Schulkind. Die ist aber nötig, um auf das entsprechende Kind weiter pädagogischen Einfluss nehmen zu können. Außerdem bewirken Strafen im Kind eher Ablehnungsgefühle, Gefühle des Nicht-richtig-, des Nicht-okay- oder des Falsch-Seins, was zu keiner Verhaltensveränderung führt und eher als demütigend empfunden wird. Wer sich falsch fühlt, wer Druck auf seine Person empfindet, wird Gegendruck erzeugen, um sich irgendwie zu befreien, den empfundenen Angriff zu parieren. Wer sich persönlich abgelehnt fühlt, kooperiert leider auch nicht wirklich.

Grenzen geben Orientierung

Grenzen zu setzen, ist wichtig, aber nicht allein um der Grenzen willen, sondern das Kind muss wissen, warum es Grenzen gibt, warum sie Sinn für alle machen. Insofern sollte Regelarbeit immer für alle transparent und annahmeverträglich sein. Ansonsten wehrt sich unser inneres System nur allzu gerne gegen Kritik und empfundene Zwänge.

Anreize wirken auf unser Belohnungssystem

Gerade kleinere Kinder reagieren sehr positiv auf Verstärkersysteme. Insofern eignen sich Token-Systeme wie das Sammeln von Smileys oder anderen Goodys als sekundäre Verstärker für gewünschtes Verhalten besonders. Die Kinder können die gesammelten Token dann gegen etwas für sie Wertvolles eintauschen (z. B. Hausaufgabengutscheine o. Ä.). Das menschliche Belohnungssystem im Gehirn reagiert stark auf Anreize und auch unser Motivationssystem springt eher an, wenn Belohnungen in Aussicht gestellt werden.

Verstärker jeder Art führen jedenfalls eher dazu, Verhalten zu verändern, als Sanktionen. Eine Verhaltensänderung muss sich für den Organismus lohnen, in bestimmter Weise auszahlen. Und unser Verhalten verändern können wir immer nur selbst, niemand sonst. Denn wir müssen es wollen, müssen von den neuen Verhaltensweisen überzeugt sein.

Verhaltensbiologie einbeziehen

Viele Kinder, denen es an sozialer Resonanz mangelt, müssen zwangsläufig auf sich aufmerksam machen. Sie benötigen Zuwendung und wollen wahrgenommen und gesehen werden. Und das oft um jeden Preis: auch um den des Regelbrechens und negativer Konsequenzen. Dem Organismus ist es egal, ob Konsequenzen folgen, er braucht jetzt allein den Stoff „Zuwendung/Aufmerksamkeit“, egal was es kostet und was danach passiert.

Gerade an Grundschulen können Kinder meist noch nicht so gut und sozialverträglich mit ihren Gefühlen und Bedürfnissen umgehen. Sie können diese nicht immer annahmeverträglich kommunizieren, ihnen fehlen dazu Frustrationstoleranz und Ausdrucksmöglichkeiten. So springt stellvertretend unser archaisch in uns angelegtes biologisches System an – und das ist nicht immer moralbasiert und antwortet leider auch nicht immer regelkonform. Es ist allein darauf ausgeregt, das System am Leben und Laufen zu halten.

Schwelende, ungelöste Konflikte, die Gruppenmitglieder mit sich tragen, führen häufig zu einer erhöhten Bereitschaft, Regelbrüche in Kauf zu nehmen, um das eigene biologische System wieder in Einklang, also in den Ruhemodus zu bringen.

Dem eigenen Mindset auf der Spur

Ihr Mindset ist bestückt mit Ihren zentralen Werten. Diese Werte haben sich mit der Zeit gebildet. Aus Ihren Werten speisen sich Ihre Vorstellungen und Überzeugungen, zum Beispiel über Schülerinnen und Schüler, über die Schule allgemein, über die Themen Disziplin und Regeln. All diese Faktoren steuern das eigene Verhalten mit und bilden mit der Zeit bestimmte Verhaltensmuster.

Ihr Mindset kann zu bestimmten Themen positiv wie negativ geprägt sein. Es lohnt sich, die eigenen Einstellungen genauer zu analysieren, um sich zum Beispiel zu nicht sozial kompatiblem Schülerverhalten gedanklich noch besser positionieren zu können.

Machen Sie sich bewusst:

- Wer emotional stark vom Fehlverhalten der Kinder getriggert wird,
- wer sehr starre Ideale über „richtiges“ und „falsches“ Verhalten der Schülerinnen und Schüler mit sich trägt,
- der wird sich schneller beleidigt oder angegriffen und in seiner schulischen Arbeit behindert oder torpediert fühlen –
- und möglicherweise wenig taugliche Lösungsstrategien benutzen
- oder sich zu Gegenangriffen herausgefordert fühlen.

Wenn allein Emotionen das eigene Verhalten steuern, dann sind die eigenen kognitiven Möglichkeiten stark eingeschränkt, dann ist überlegtes Handeln so gut wie unmöglich – dann kommt es selten zu guten und tragfähigen Lösungen für alle.

Wer immer wieder stark vom Verhalten anderer getriggert wird, sollte sein Mindset überdenken!

Mit 15 Fragen das eigene Mindset analysieren

Die folgenden 15 Fragen führen Sie näher an Ihre Einstellungen, Haltungen und Überzeugungen zu Disziplin und Fehlverhalten von Schülerinnen und Schülern heran. Die ausgelösten Emotionen zeigen Ihnen möglicherweise, von welchen Gedanken, Vorstellungen und Idealen sie geprägt sind.

Es geht dabei nicht um richtig oder falsch, um gute oder schlechte Mindsets. Alle Mindsets sind, wie sie sind. Es geht allein darum, sich mit anderem Denken, neuen Gedanken und Perspektiven durch das Weiterentwickeln emotionaler Intelligenz kompetenter und handlungsfähiger für pädagogische Herausforderungen wie das Bearbeiten von Regelbrüchen aufzustellen. Und es geht darum, mögliche wunde Punkte in der eigenen Biografie aufzudecken, um anschließend mit ihnen Frieden zu schließen.

Wenn Sie die Mehrzahl der folgenden Fragen mit *JA* beantworten, könnten Sie Ihr Mindset zu Disziplin und Regelbrüchen in der Schule überdenken und möglicherweise verändern. Ansonsten werden Sie bei abweichenden Verhaltensweisen der Kinder möglicherweise weiterhin emotional stark getriggert. Dann fehlt Ihnen eventuell die professionelle Distanz zu den Kindern, um flexibel, kontrolliert und rational gute Lösungen für sich und andere herbeizuführen. Dann tragen Sie möglicherweise behindernde Glaubenssätze und Überzeugungen über ein ideales Verhalten der Kinder oder negative Gedanken gegenüber Konflikten mit sich herum, die ihre pädagogische Arbeit behindern könnten.

Mit 15 Fragen das eigene Mindset analysieren

Bitte beantworten Sie die folgenden 15 Fragen ehrlich!
Sie haben außerdem die Möglichkeit, konkrete Situationen und/oder Gedanken zu den Fragen zu notieren. Diese Liste können Sie für Ihre eigene Analyse nutzen.

Frage	ja	nein
1. Fühle ich mich bei Regelbrüchen häufig von Schülerinnen und Schülern persönlich angegriffen? ____________________ ____________________		
2. Bin ich beleidigt, wenn Schülerinnen und Schüler mein pädagogisches Angebot nicht immer goutieren/annehmen? ____________________ ____________________		
3. Gibt es spezielle Punkte in meiner Persönlichkeit, die mich schnell stören? ____________________ ____________________		
4. Bringt mich ein bestimmtes Fehlverhalten von Kindern immer wieder auf die Palme? ____________________ ____________________		
5. Empfinde ich Konflikte als negativ und belastend? ____________________ ____________________		
6. Möchte ich Konflikte am liebsten vermeiden? ____________________ ____________________		
7. Stören mich Konflikte in der Gruppe bei meiner Arbeit? ____________________ ____________________		

Frage	ja	nein
8. Trage ich Schülerinnen und Schülern ein nicht regelkonformes Verhalten nach?		
9. Habe ich bestimmte Schülerinnen oder Schüler auf dem Kieker?		
10. Habe ich Lieblingsschüler oder Lieblingsschülerinnen?		
11. Fühle ich meine pädagogische Arbeit von Klassen oft nicht genügend wertgeschätzt?		
12. Fühle ich mich in meinem Beruf als Lehrerin oder Lehrer nicht genügend gesehen und wertgeschätzt?		
13. Habe ich das Gefühl, in meinem Beruf nicht genügend bewirken zu können?		
14. Bin ich in meinem Beruf insgesamt unglücklich und unerfüllt?		
15. Ich würde den Beruf Lehrer oder Lehrerin nicht wieder wählen.		

Wenn Sie die überwiegende Zahl der Fragen mit *JA* beantwortet haben, dann bringt Sie Ihr berufliches Mindset eher aus dem Gleichgewicht und in eine gewisse Disbalance.

Sie sollten dem nachspüren und bestimmte gedankliche Veränderungen und Korrekturen in Bezug auf Ihre berufliche Haltung und Einstellung in Betracht ziehen, um damit wieder in eine gute und gesunde berufliche Balance zu kommen.

Woher beispielsweise kommt das Gefühl der zu geringen Wertschätzung? Was genau triggert Sie am Verhalten der Kinder? Wo in Ihrer Persönlichkeit gibt es wunde Punkte? In welche Feldern fühlen Sie eine zu geringe Selbstwirksamkeit? Was würde sich verändern, wenn Sie diese Frage mit *Nein* beantworten könnten und wie würde sich das anfühlen?

Solche Fragen können Denkanstöße geben, um Dinge aus einer anderen Perspektive zu betrachten.

Regelbrüche und Prävention

Regelbrüchen mit Kompetenz zu begegnen, bedeutet auch, Sorge dafür zu tragen, dass Regelbrüchen gar nicht erst der Boden bereitet wird. Vorsorge kann man mit aktiver Präventionsarbeit betreiben. Prävention ist immer besser als Intervention und vor allem Kuration.

Man investiert vorher, um danach die Rendite einzufahren. Man spart Zeit und Energie, investiert in Beziehungsaufbau und Gruppendynamik, um anschließend nicht stetig auf Regelbrüche reagieren oder gar völlig neu mit der Regelarbeit beginnen zu müssen.

Beziehungsarbeit

Ein wichtiger Teil der Präventionsarbeit ist die Beziehungsarbeit mit Schülerinnen und Schülern. Beziehungen brauchen täglich Pflege, denn sie sind sehr zarte und fragile Gebilde, die es stets im pädagogischen Fokus zu behalten gilt.

Allein um Stigmatisierung und Vorurteile Schülerinnen und Schülern gegenüber zu vermeiden, lohnt es für Lehrkräfte, immer wieder die eigene Haltung und Einstellung allen Kindern gegenüber zu hinterfragen und auf den Prüfstand zu stellen. Professionalität hat sehr viel mit Selbstreflexion zu tun.

Kinder vertrauen Erwachsenen grundsätzlich, sie orientieren sich an ihnen, benötigen deren Feedbacks zum eigenen Selbstverständnis und haben so den Wunsch, mit ihnen in unvoreingenommene Beziehung zu treten. Deshalb sollten Lehrkräfte sich für die Kinder und ihre Belange, ihre Wünsche und Bedürfnisse interessieren. Schenken Sie ihren Schülerinnen und Schülern positive Beziehungssignale, kreieren Sie eine beziehungsfreundliche Unterrichtsstruktur, die es ermöglicht, dass alle gesehen und gehört werden. Allen Kindern sollte in gleicher Weise Respekt und Wertschätzung entgegengebracht und dabei auch auf die Grundbedürfnisse jeder / jedes Einzelnen geachtet werden.

Aktiv Beziehung aufnehmen

Nehmen Sie selbst den Beziehungsaufbau aktiv in die eigenen Hände. Ein Lächeln, eine zustimmende Geste, ein zugeneigter, unterstützender Blick kosten nicht viel – bringen aber umso mehr. Um mit kleinen Kindern in Beziehung zu treten und ihnen auf Augenhöhe begegnen zu können, sollte man öfter mal in die Knie gehen oder sich auf kleinen Stühlchen in die Gruppe hineinbegeben. So gelingt es besser, auf Augenhöhe kommunizieren zu können, in die Gruppe hineinzuhorchen, Nähe zu signalisieren und aufzubauen.

Untersuchungen zufolge erzielen Kinder, die gute Beziehungen zu ihren Lehrkräften unterhalten, sehr viel bessere Lernerfolge. Und Kinder, die von ihren Lehrkräften persönlich begrüßt werden, haben Forschungsergebnissen zufolge weniger Disziplinschwierigkeiten. Zuwendung in Form von sozialer Resonanz in jede Richtung zahlt sich in der Schule immer aus.

Stärkenorientierten Fokus setzen

Wertschätzung und Respekt an alle zu verschenken, ist eine lohnenswerte Geste. Insofern ist Beziehungsarbeit für Pädagoginnen und Pädagogen das tägliche Kerngeschäft. Die Kinder werden Ihnen ihren Einsatz auf Heller und Cent zurückzahlen. Lassen Sie sich überraschen.

Lernen funktioniert nur über eine intakte Beziehungskultur

Gerade wenn es um das Moderieren von Regelbrüchen oder Konflikten geht, benötigen Sie eine stabile Beziehungsebene zu den Kindern. Wenn die nicht gegeben ist, reißt der Kontakt blitzschnell ab, dann ist keinerlei pädagogischer Zugriff mehr möglich. Dann bilden sich Fronten, die sich mit der Zeit mehr und mehr verhärten, dann fällt die gemeinsame Kommunikation immer schwerer, weil beide Parteien sich misstrauen, anstatt damit zu beginnen, die Beziehung wieder herzustellen.

Wenn Beziehungsfronten erst einmal aufgebaut und verhärtet sind, spielt sich gemeinsame Kommunikation nur noch auf der Beziehungsebene ab, hören alle nur noch mit dem Beziehungsohr, sind die Gehirne vor allem damit beschäftigt, den Stress, den die gestörte Beziehungsebene macht, irgendwie wieder loszuwerden. Hinzu kommt, dass dann bei Kindern kein Speicherplatz mehr für das Lernen vorhanden ist.

Eine gute und stabile Beziehung zu allen Kindern zu unterhalten, ist ein großes pädagogisches Pfand, das Lehrkräften den Unterricht wesentlich erleichtert, denn alle Lehrkräfte sind letztlich auf die Kooperation mit den Kindern angewiesen. Und gute Zusammenarbeit gelingt immer nur über funktionierende Beziehungen.

Regeln gemeinsam aufstellen

Idealerweise stellen Sie die Regeln gemeinsam mit Ihrer Klasse auf. Das wäre die ideale Herangehensweise, um Regeln besser und vor allem verlässlicher in Klassen implementieren zu können. Ebenso sollten gemeinsam mit den Kindern die Konsequenzen bei Fehlverhalten verabredet werden. Das macht die Regeln für alle transparent.
Werden Regeln gemeinsam mit allen erarbeitet und je nach Entwicklungsstand ausformuliert, ist die Wahrscheinlichkeit und Bereitschaft des Einhaltens erfahrungsgemäß groß. Denn wer Regeln selbst aufstellt, für den haben sie auch einen höheren und eher bindenden Wert. Was man zusammen erarbeitet, hat mehr Gewicht und Bedeutung für alle Beteiligten.

Regeln aufzustellen, sollte ein gemeinsames Projekt sein

Und es ist gar nicht schwer, Regeln gemeinsam mit Schülerinnen und Schülern aufzustellen, egal ob die Kinder noch klein sind oder schon größer. Denn letztlich wollen alle Kinder dasselbe: Respekt, Wertschätzung und Sicherheit. Alle wollen letztlich gut behandelt werden. Allgemein geht es um die immer gleiche Frage: Wie sollte ich mich verhalten, damit es allen gut geht, sich alle wohlfühlen und gut lernen können?

Je nach Klassen- und Entwicklungsstufe werden die Regeln dann verständlich für alle ausformuliert. Wenige Regeln reichen und sind besser als zu viele. Alle sollten positiv formuliert werden und keine Verbote darstellen.

Auch mit kleineren Kindern kann man Regeln aufstellen, auch ihre speziellen Bedürfnisse können Lehrkräfte zusammen mit ihnen altersgerecht erarbeiten und formulieren. Rollenspiele können unterstützend helfen zu zeigen, was man tun oder besser lassen sollte. Alle Kinder haben ein Rechtsempfinden und wissen zumeist auch ziemlich genau, was von ihnen erwartet wird.

Wie will ich behandelt werden und was benötige ich, um gut lernen zu können?
Allein um diese beiden Aspekte geht es bei der Aufstellung der Regeln.

Dabei sollte man zwischen den Regeln des Zusammenlebens und des Zusammenarbeitens unterscheiden und nicht mehr als drei bis vier Regeln zu jedem Bereich festlegen.

Die Regeln des Zusammenlebens erstrecken sich auf den Umgang miteinander, die des Zusammenarbeitens auf das, was man zum Lernen benötigt (Arbeitsmaterial, Pünktlichkeit, verlässliches Mitarbeiten etc.).

Bei kleineren Kinder sollten Verhaltensziele operationalisiert werden, damit sie verstehen, was zum Beispiel mit respektvollem Umgang gemeint ist. Alle Regeln bitte immer positiv formulieren!

Regelarbeit jeden Tag betreiben

Die eigentliche Regelarbeit beginnt nach dem Aufstellen der Regeln im täglichen Schulalltag – deshalb auch „aktive Regelarbeit" genannt.

Um die Regeln in den Köpfen der Kinder besser zu verankern, können die Schülerinnen und Schüler die Regeln noch einmal abschreiben und unterschreiben. Damit schließen sie mit der Lehrkraft einen Vertrag und verpflichten sich, die Regeln auch einzuhalten. Das erspart viele zeitaufwendige Diskussionen.

Regeln müssen leben und gelebt werden, müssen Gruppen und Klassen stets in Erinnerung gerufen und auf ihre Tauglichkeit, Nützlichkeit oder Aktualität hin überprüft werden. Haben sie noch Gültigkeit für die Gruppe oder ist die Gruppe schon so weit, dass bestimmte Regeln nicht mehr benötigt werden? Dann weg mit ihnen. Ziel jeder Regelarbeit ist deren Abschaffung. Das zeigt der Gruppe, dass sie Fortschritte macht, das tut allen Mitgliedern gut und motiviert, sich auch weiterhin regelkonform zu verhalten.

Falls die Gruppe in alte Muster zurückfällt, was nach der Theorie der Gruppendynamik passieren kann, so werden die eigentlich abgeschafften Regeln dann erneut eingeführt, um allen damit ihr aktuelles Verhalten zu spiegeln.

Regeln sollten immer wieder thematisiert und auf die Tagesordnung gesetzt werden, nur so können sie sich einspielen, werden von allen wahrgenommen und respektiert. Wenn sie ausgedient haben, kann man zusammen mit der Gruppe ihre Abschaffung feiern: *Diese Regel(n) braucht ihr nicht mehr – darauf könnt ihr stolz sein!*

Diese Vorgehensweise ist altersunabhängig. Das Überwachen der Regeln muss auch nicht immer nur von den Lehrkräften übernommen werden (Stichwort Regelwächter/-in). Verantwortung an Schülerinnen und Schüler zu delegieren, lohnt immer. Peereducation ist oft sehr wirksam (siehe Streitschlichter-Modell).

Wenn der Regelkanon nicht eingehalten wird

Immer wieder fragen Kolleginnen und Kollegen, was man mit Klassen macht, die zwar einen Regelkanon haben, sich aber bisher nicht daran gehalten haben.

Dann sollte man gemeinsam die Reset-Taste drücken und auf Anfang gehen. Dann muss Kurationsarbeit geleistet werden. Das kostet zwar Zeit, ist aber unumgänglich. Man sollte mit der Klasse reden, dass es so nicht weitergeht und ein Neustart vonnöten ist. Bitten Sie bei solchen Situationen die Kinder um Hilfe, sammeln Sie Ideen, wie es in Zukunft besser gehen könnte, und führen Sie die Regeln gemeinsam neu ein.

Ansonsten eignet sich der Schuljahresanfang oder der Wechsel der Klassenlehrkraft, um Regeln einzuführen.

Aktive Regelarbeit

Das Einüben und Erlernen von Regeln gehört zur sozialen Kompetenzbildung aller Kinder dazu. Gerade weil die Kinder in der Grundschule ganz unterschiedlich kognitiv wie körperlich entwickelt sind, braucht es klar definierte Regeln des Zusammenlebens und Miteinanderarbeitens. Mit dem Einführen der Regeln allein ist es aber noch lange nicht getan. Erst im Prozess des täglichen Einübens der Regeln werden die Grundlagen für erwünschte und klare Verhaltensmuster gelegt.

Regeln sollen prosoziales Verhalten fördern

Das Aufstellen von Regeln ist ein präventiver Akt. Er soll dazu beitragen, dass Opfer vermieden werden und die schulische Arbeit möglichst ohne viele Reibungsverluste stattfinden kann. Er gleicht dem Aufstellen von Gebots- und Verbotsschildern im Straßenverkehr. Denn auch die haben präventiven Charakter.

Das Erlernen der Regeln muss so erfolgen, dass die Kinder genau verstehen, welches Verhalten von ihnen verlangt wird. Gerade die kleinen Kinder benötigen konkrete Verhaltensanweisungen. Sie müssen wissen, was in ihren Gruppen von ihnen verlangt wird, damit alle ungestört lernen können.

Jede Schule sollte sich dafür einen Verhaltenskodex erarbeiten, der dann für alle am Schulleben Beteiligten gilt. Und dieser Verhaltenskodex muss so an alle kommuniziert werden, dass alle ihn verstehen und sich danach richten können.

Altersgerechte Regeln aufstellen

Kleine Kinder müssen altersgerecht an Regeln herangeführt werden. Man kann beispielsweise mit Kindern der ersten Klasse darüber sprechen, wie sie in ihren Gruppen behandelt werden wollen. Anhand von klaren Beispielen könnte man bestimmte Szenarien entwerfen und fragen:

Wenn Alex zu dir „Blödmann“ sagen würde, wie würdest du dich fühlen?
Wenn Sarah zu dir sagen würde, „du bist doof“, wie wäre das für dich?
Wie wäre das für dich, wenn Anna dich kratzen würde?
Wie würdest du dich fühlen, wenn Paula deine Stifte ungefragt wegnimmt?

Mit solchen Beispielen kann man kleinere Kinder für Regeln sensibilisieren.

Da jüngere Kinder eine eher egozentristische Denkweise haben und ihnen ein Perspektivwechsel auf die Sichtweise von anderen teilweise noch schwerfällt oder unmöglich ist, muss man ihnen vermitteln, dass ein Verhalten, das sie selbst nicht wollen, sich für andere ebenso schlecht anfühlt wie für sie.

Man kann Kinder auch nach ihren Erfahrungen fragen, die sie zu Hause bezüglich bestimmter Regeln schon gemacht haben:

Welche Regeln gibt es für dich bei dir zu Hause?
Wie macht ihr das mit dem Handy, wenn gemeinsam gegessen wird?
Gibt es Regeln, wann du deine Schulaufgaben machen musst?
Ist geregelt, welche Aufgaben du zu Hause erledigen musst?

Anschließend kann man diese Erfahrungen eins zu eins auf den Schulalltag übertragen.

Warum gibt es zu Hause diese Regeln?
Warum gibt es Verkehrsregeln, an die sich Erwachsene halten müssen?
Welche anderen Regeln müssen Erwachsene noch befolgen?
Warum brauchen Menschen überhaupt Regeln?

So kann man kleinere Kinder langsam an die Sinnhaftigkeit von Regeln für eine Gemeinschaft heranführen.

Präkorrektives Steuern

Präkorrektive Verhaltenssteuerung gehört zur Präventionsarbeit und zielt darauf ab, schon vor dem Regelbruch etwas zu tun, damit es gar nicht erst dazu kommt. Man kann Regelbrüche abwenden, indem man die Kinder durch bestimmte nonverbale Kommunikationstechniken schon vor einem Regelbruch darauf hinweist, dass dieser möglicherweise gleich ansteht („Der professionelle Wetterfrosch sieht eine dunkle Wolke aufziehen.“).

Sind eine Klasse und die Lehrkraft auf ein solches Frühwarnsystem eingespielt, dann kann es helfen, Regelbrüche zu vermeiden. Man spart Zeit, denn der Unterricht wird nicht unterbrochen, niemand muss einen Regelbruch begehen, die Lehrkraft schont Stimme und Energie.[8]

„Regelbruch“ statt „Störung“ – mit korrektem Terminus zum Ziel

Viele Lehrkräfte reden nicht von „Regelbruch“, sondern von „Unterrichtsstörung“. Leider findet sich dieser Terminus auch sehr häufig in der Fachliteratur. Eine ungeschickte Begrifflichkeit, mit der man pädagogisch nur wenig bis gar nichts anfangen kann.

8 Vgl. Lohmann, Gert: Mit Schülern klarkommen. Professioneller Umgang mit Unterrichtsstörungen und Disziplinkonflikten. Cornesen Scriptor 2011, S. 155.

Wenn ich sage: „Kind X stört den Unterricht", dann weiß niemand, was genau es getan hat, gegen welche Regel(n) es verstoßen hat. Insofern kann ich auch nicht punktgenau intervenieren und ein entsprechendes Lernangebot in Form eines alternativen Verhaltens mit dem Kind erarbeiten.

Wie schwammig und untauglich der Begriff „Störung" ist, wird im Folgenden klar: Was für Kollege A eine Störung ist, ist für Kollegin B noch lange keine. Lehrkräfte, die nach einem gelungenen Wochenende am Montag frisch und energiegeladen in eine Klasse kommen, fühlen sich von einem nicht regelkonformen Verhalten eines Kindes möglicherweise nicht gestört. Am Freitag aber, nach einer harten und fordernden Schulwoche, würden sie das Verhalten durchaus als störend wahrnehmen.

Der Begriff „Störung" hilft pädagogisch nicht weiter

Das Beispiel zeigt, dass der Begriff „Störung" wenig tauglich ist, wenn es um aktive Regelarbeit und vor allem um Verhaltensänderungsangebote geht. Außerdem sollten Schülerinnen und Schüler Lehrkräfte nie stören, sonst hätten die ihren Beruf völlig verfehlt. Insofern gilt der Satz: Schülerinnen und Schüler stören nicht – sie brechen Regeln!

Wie bereits erwähnt, hängt es immer von sehr vielen individuell verschiedenen Faktoren ab, wie (und ob überhaupt) Lehrkräfte auf Regelbrüche reagieren. Für die Schülerinnen und Schüler heißt das aber, dass es für sie schon eine Herausforderung ist, sich auf die jeweilig geltenden aktuellen Verhaltensnormen einer Lehrkraft einzustellen. Noch schwieriger wird es, wenn dabei mit einer solchen Begrifflichkeit wie Störung operiert wird.
Der Begriff „Störung" stellt leider auch eher auf die Person ab denn auf ihr kritikwürdiges Verhalten. Wer stört, wird schneller als Person verurteilt und damit verliert sich auch schnell der Fokus darauf, welches Verhalten denn nun verändert werden soll. Damit verlieren Lehrkräfte genau das aus dem Fokus, was sie eigentlich zu Recht kritisieren.

Letztlich wollen alle Lehrkräfte, dass entsprechende Schülerinnen und Schüler möglichst bald ein anderes, sozialverträgliches Verhalten zeigen. Dafür ist es nötig, das Lernziel für die Kinder genau zu benennen.

Die bereits erwähnte wichtige Beziehungsebene zu den Kindern wird darüber hinaus gefährdet, wenn man die Ansicht vertritt, dass Kinder „stören". Leider verrät uns unsere Sprache immer – denn sie bildet durch unsere Wortwahl häufig unsere Überzeugungen und Haltungen eins zu eins ab. Und sich gestört fühlen ist eher ein sehr subjektives Empfinden.

Im Fokus von Pädagogik sollte immer das Verhalten stehen, nicht aber die Person oder Persönlichkeit der Kinder und Jugendlichen – und auch keine subjektiven Befindlichkeiten. Das Motto sollte lauten: Du bist okay, dein Verhalten ist es nicht! Allein das Verhalten sollte in den objektiven Fokus der Kritik genommen werden.

Lob- und Feedback-Kultur

Häufig verfügen jüngere Kinder aufgrund ihres eher egozentristischen Weltbildes noch nicht über genügend Frustrationstoleranz und Selbstkontrolle. Beides gilt es, nach und nach zu entwickeln. Dafür benötigen Kinder stete Rückmeldungen von Erwachsenen, von ihren Lehrkräften.

Nicht gemeckert ist noch lange nicht gelobt

Feedbacks funktionieren am besten über positive Verstärker. Lob ist ein sehr guter Treibstoff, um Verhaltensänderungen zu motivieren, zu beschleunigen und verlässlich zu internalisieren. Positive Feedbacks wirken Wunder, denn unsere Motivationssysteme reagieren sehr stark darauf.

Wenn Kinder sich regelkonform verhalten, ist das eben keine Selbstverständlichkeit. Warum nicht einzelne Kinder oder eine ganze Klassen loben, wenn sie sich prosozial verhalten? Wer prosoziales Verhalten als selbstverständlich voraussetzt, verbaut Kindern entscheidende Lernchancen und weitere Entwicklungsschritte. Wenn auf erwünschtes Verhalten positive Signale folgen, ist das ein Zeichen an und für alle, genauso weiterzumachen. Damit wird die Richtung, in die es gehen soll, vorgegeben.

In der Pädagogik sollte nichts als selbstverständlich vorausgesetzt werden. Auch die kleinsten Erfolge gilt es zu feiern, auch die kleinsten Fortschritte von Schülerinnen und Schülern sollten mit positiven Feedbacks bedacht werden. Das passiert von Lehrkraftseite leider viel zu selten oder oft gar nicht.

Kinder, die kein Lob oder Feedback für ihre Anstrengungsbereitschaft erfahren, werden sich nicht weiter anstrengen. Wer sich nicht mehr anstrengt, wird abgehängt, verliert Anschluss und durch stetige Misserfolge auch das Vertrauen in die eigenen Fähigkeiten, letztlich die Motivation.

Alle brauchen Lob als Treibstoff

Gerade die angepassten und regeltreuen Kinder bekommen deshalb viel zu wenig Lob für ihr prosoziales Verhalten. Lob wirkt auf jeden Organismus positiv und auch die netten und von Lehrerinnen und Lehrern deshalb oft besonders geliebten Kinder brauchen positive soziale Resonanz. Auch sie müssen sich an den Feedbacks ihrer Lehrkräfte orientieren können, um weitere Entwicklungsschritte zu machen. Alle Kinder messen ihren individuellen Wert und den Wert anderer an den Feedbacks der Erwachsenen.

Weil Lob ein vorzüglicher Treibstoff für das menschliche Motivationssystem ist, unterstützt und beschleunigt es den Prozess der Verhaltensänderung. Ein unerwünschtes Verhalten abzulegen und ein neues Verhaltensmuster zu übernehmen, abzuspeichern und in das eigene Verhaltensmuster zu integrieren, kann mit genügend Treibstoff viel schneller gelingen. Verstärker helfen dem Organismus, neue Muster zu bilden und alte untaugliche Muster zu überschreiben. Insofern wirkt Lob auch präventiv und es lohnt sich immer, eine entsprechende Lobkultur in Klassen zu implementieren.

Feedbacks müssen nicht immer aufwendig kommuniziert werden, häufig reicht ein kurzes, bejahendes Signal, eine Daumenreflexion, ein zustimmendes Nicken, ein unterstützendes Lächeln oder auch Schulterklopfen. Natürlich kann auch mit Smileys oder kleinen Goodys gearbeitet werde. Alles, was als Verstärker wirkt, ist erlaubt. Wenn sozial gewünschtes Verhalten gelobt wird, werden dadurch gleichzeitig auch sozial unerwünschte Verhaltensmuster geschwächt.

Feedback geben will gelernt sein

Wichtig für das Feedbackgeben ist, dass es allein auf das erwünschte Verhalten oder Fehlverhalten der Kinder abgestellt ist und sich nicht gegen die Person des Kindes richtet.

Das Prinzip *Warme Dusche – kalter Strahl* wirkt annahmeverträglich. Erst etwas Positives sagen, anschließend das erwünschte Verhalten als Wunsch verpacken. So wird Kritik mit einem Schleifchen drum herum an den Empfänger / die Empfängerin verschickt. Diese Person kann die Post gut annehmen und wird die Annahme aufgrund ihrer Verträglichkeit nicht verweigern. Feedbacks sollten den Kindern immer auch neue Perspektiven und eigene Potenziale eröffnen und damit Hoffnung und Zuversicht kommunizieren.

Klassenrat

Der wöchentlich abgehaltene Klassenrat kann dazu beitragen, prosoziales Verhalten zu fördern. Es kann reflektiert werden, welche Probleme es in der letzten Woche in den Klassen gab und welche Lösungsmöglichkeiten die Klasse dafür entwickeln möchte.

Außerdem kann man im Klassenrat Kinder für ihren sozialen Beitrag, den sie in der letzten Woche für die Klassengemeinschaft geleistet haben, loben.

Ich habe gute Erfahrungen mit einem Punktesystem für besonderen Einsatz von Kindern gemacht.

Prosoziales Verhalten würdigen

Die Klasse oder einzelne Kinder machen Vorschläge, welche Kinder in der letzten Woche einen besonderen Beitrag für die Klassengemeinschaft geleistet haben. Lehrkräfte haben kein Vorschlagsrecht. Wenn die Mehrheit eine Schülerin oder einen Schüler dafür benennt, bekommt der- oder diejenige einen Punkt auf einer Namenstabelle, die an der Klassenwand hängt. Bei zehn Punkten gibt es einen Goody, in welcher Form auch immer. Das können Gutscheine für Hausaufgaben oder Ähnliches, aber auch kleine Geschenke sein, die aus der Klassenkasse finanziert werden.

Auszeichnungen fördern die Motivation

Wer dann zehn Punkte erreicht hat, wird im Klassenrat für das gute und vorbildliche Verhalten ausgezeichnet. Das macht nicht nur Eindruck auf alle, es fördert prosoziales Verhalten immens, wirkt als Verstärker und motiviert auch die anderen Kinder. Alle möchten schließlich mal ausgezeichnet werden.
So lernen Kinder an positiven Modellen aus der Peergroup. Damit wirkt das Prinzip „Jugend erzieht Jugend“ in besonderer Weise.

Natürlich gibt es noch viele andere Modelle des Klassenrats. Egal, wie Sie ihn interpretieren, im Klassenrat kann wöchentlich vieles aufgearbeitet werden, was eine Klassengemeinschaft belastet. Lehrkräfte bekommen einen guten Einblick in die Gemeinschaft der Kinder, deren Nöte und Wünsche, und können dort punktgenau intervenieren, wo es nötig ist.

Die Klassensprechstunde

Helmut Erb schlägt in der Klassensprechstunde die Einführung einer besonderen Sprache vor, die sich aus meiner Sicht besonders für Grundschulkinder eignet: die Engels- und die Teufelssprache.

In jeder Woche werden zwei Kinder benannt, die die Klassensprechstunde leiten. Es werden Probleme der Klasse angesprochen, die Lehrkraft greift nur ein, wenn die Kinder allein nicht weiterkommen.

Die Klasse einigt sich auf bestimmte Ausdrücke oder Redewendungen, die nicht verwendet werden sollten. Diese können zur Erinnerung als Poster an die Wand geklebt werden. Diese sind dann der Teufelssprache zuzuordnen. Sie zeichnet sich dadurch aus, dass sie immer anderen die Schuld gibt, sie immer nur so wahrnimmt, wie man es will, und die eigenen Gefühle nie anspricht.

Die Engel dagegen sagen immer, wie es ihnen geht, was sie kränkt, freut, ärgert und was sie empfinden. Die Engelssprache versucht immer, ehrlich zu sein und mit anderen respektvoll zu kommunizieren. Damit werden die Kinder über den Austausch hinaus sprachsensibilisiert.[9] Kinder lernen so, ihre Gefühle auszudrücken. Das schult auch die Empathie, weil die anderen erfahren, wie sich bestimmte Kinder fühlen. Und wer weiß, wie sie / er sich genau fühlt, kann sich auch besser in andere hineinfühlen.

Das Klassentagebuch

In ein schönes, extra angeschafftes Buch kann jedes Kind seine Sorgen und Nöte, aber auch etwas Schönes, das es in der Klasse erlebt hat, hineinschreiben. Allein negative Äußerungen oder Beschimpfungen, Beleidigungen oder Demütigendes sind tabu.[10]

Im Klassenrat oder in einer Stunde am Ende der Woche können dann die Einträge vorgelesen werden. Es sollte darauf geachtet werden, dass die Kinder auch ihre Namen hinter die Beiträge schreiben. Solche Wortgeschenke stärken die Gemeinschaft und motivieren zu prosozialem Verhalten. Positives zu erwähnen, fällt vielen viel schwerer, als Negatives zu kritisieren. Mit dem Klassentagebuch wird der Fokus auf Positives gelegt.

Das offene Ohr

Die letzten zehn Minuten einer Stunde können dazu benutzt werden, anderen Wortgeschenke zu machen, ihnen etwas Nettes zu sagen. Das eignet sich besonders in Klassen, in denen die Stimmung nicht so gut ist. So lernen die Kinder, andere aus einer anderen Perspektive zu betrachten und ihren Wortschatz komplimentorientiert zu erweitern. Das eignet sich gerade in den Gruppen, in denen Beleidigungen zu einer Art „Klassensport" geworden sind. Vielen Kinder fällt es schwer, anderen

9 Vgl. Erb, Helmut H.: Gewalt in der Schule. Ueberreuter 2007, S. 66.
10 Vgl. Erb, Helmut H.: Gewalt in der Schule. Ueberreuter 2007, S. 65.

etwas Nettes zu sagen. Mit dem offenen Ohr kann diese Hemmschwelle überwunden und Empathie gelernt werden.[11]

Morgenkreis – Blitzlicht – Check-in

Rituale helfen allen Kindern. Routinen erleichtern die Arbeit und nehmen vielen Kinder Druck, weil sie ihnen Orientierung und Verhaltenssicherheit geben. Insofern ist es gut, wenn Sie Rituale wie den Morgenkreis, Blitzlicht oder Check-in/Check-out in Ihren Unterricht integrieren, denn auch dabei können Konflikte angesprochen werden. Rituale kommen den sozialen und emotionalen Bedürfnissen der Kinder nach Austausch und Sicherheit entgegen – und das in einem gelenkten und geschützten Lernraum.

Lehrkräfte, die sich in den Lerngruppen bewegen, sind immer näher an den Kindern dran als solche, die nur vor einer Gruppe agieren. Der eigene pädagogische Blick auf die einzelnen Kinder wird immens gedehnt, wenn Sie in der Gruppe agieren. Sie lernen die Kinder aus einer anderen, viel dichteren Perspektive kennen. Vieles lässt sich so bereits im Vorfeld erkennen und klären.

Eine gute Gruppendynamik schützt vor Regelbrüchen

Im täglich stattfindenden Morgenkreis lernen die Kinder, sich aufeinander einzustellen, sich zuzuhören und sie lernen, dass angesprochene Konflikte normal sind und angesprochen gehören. In solchen Ritualen findet soziales Lernen nachhaltig statt.

Außerdem werden Gesprächsregeln eingeübt, aktives Zuhören geschult und das Selbstbewusstsein der Kinder gestärkt, denn in der Gruppe zu sprechen, ist für viele erst einmal eine Herausforderung. Die Gruppe wächst so schneller zusammen, die Gruppendynamik wird positiv befeuert, weil sich die Gruppe als Einheit empfindet. Wer gelernt hat, anderen zuzuhören, kennt die Wünsche und Bedürfnisse der anderen und kann Empathie schenken. Das führt wiederum zu mehr Respekt und weniger Regelbrüchen. Mit solchen Ritualen wird ein entscheidender Schritt in Richtung Kooperation getan.

Jamie Walker weist darauf hin, dass das Prinzip der Kooperation leider in einem Spannungsverhältnis zur Struktur unserer Schule steht. Wobei gerade Kooperation nötig ist, um gemeinsam zu guten Lernergebnissen zu kommen. Kooperation, so führt sie weiter aus, ist ein Prozess, den wir immer wieder durchmachen müssen, um Neues über uns und andere zu erfahren, um zu Ergebnissen zu gelangen, die wir allein nicht erreicht hätten. Alle lernen dabei, sich durchzusetzen, nachzugeben und gemeinsam nach neuen Wegen zu suchen.[12] Jede Unterrichtsminute, die in solche Rituale investiert, bringt eine ansehnliche Rendite für alle.

Check-out

Auch das Check-out ist ein ähnlich wertvolles Ritual, um Unterricht einerseits klar zu strukturieren und andererseits den Kindern auch die Möglichkeit zu geben, den Unterricht auf ihre Art zu kom-

11 Vgl. Erb, Helmut H.: Gewalt in der Schule. Ueberreuter 2007, S. 65.
12 Vgl. Walker, Jamie: Gewaltfreier Umgang mit Konflikten in der Sekundarstufe I. Spiele und Übungen. Cornelsen Scriptor 1995, S. 97.

mentieren, zu bewerten. Dabei bekommen die Lehrkräfte genaue und sehr aktuelle Einsicht in die Gruppen und die Wirkung der eigenen Arbeit.

Jede Unterrichtsstunde, jede Schülerin, jeder Schüler sollte ein Feedback erfahren, ansonsten weiß niemand, was an Lerninhalt von der Stunde wirklich bei allen angekommen ist und wo man als Lehrkraft gegebenenfalls in der nächsten Stunde nachsteuern oder etwas verändern sollte.

Verhaltens-Feedbacks sind für alle wichtig

Alle können auf ihre Weise Feedback geben:

- Daumen hoch oder runter
- aufstehen, wenn etwas gut gefallen hat
- kleine Wortgeschenke an den Nachbarn oder die Nachbarin geben

Der Fantasie sind hier keine Grenzen gesetzt.

Lehrkräfte können Feedbacks zum Verhalten Einzelner oder der gesamten Klasse geben. Das muss auch nicht immer lange dauern, denn es kann auch nonverbal kommuniziert werden. Allein die Kinder benötigen eine Rückmeldung für ihr Verhalten. Jede Stunde bekommt so einen würdigen und pädagogisch wertvollen Abschluss. Das Check-out-Ritual verstärkt noch einmal das Erleben der Klasse als Gemeinschaft.

Der Kummerkasten

Auch der Kummerkasten, egal in welcher Form, kann für Klassen eine Bereicherung sein, wenn es um Konflikte geht. Hier können Kinder ihre Nöte und unerfüllten Bedürfnisse anonym hineingeben.

Der Kummerkasten kann schriftlich wie mündlich gefüttert werden. Je nachdem, wie offen die Atmosphäre in einer Klasse ist. Er kann natürlich auch in den Kassenrat integriert werden.

Vertrauen in Lehrkräfte als Basis

Wenn der Kummerkasten den Kindern täglich zur Verfügung steht, können Nöte zeitnahe kommuniziert werden, was Kindern schneller den Druck nimmt. Es ist nur wichtig, dass die Lehrkräfte von den Nöten der Kinder erfahren, um gegensteuern oder rasch helfen zu können. Dafür braucht es eine intakte Beziehungsebene zu Lehrkräften. Denn Kinder müssen ihren Lehrkräften, gerade wenn es um Ängste, Sorgen und Nöte geht, vertrauen können.

Der Auszeit-Deal

Wenn Sie erkennen, dass einzelne Kinder oder die ganze Klasse unruhig werden, sodass ein konzentriertes Weiterarbeit nicht möglich erscheint, so können Sie die aufkommende Unruhe als eine Art Frühwarmsystem interpretieren. Sie können dann einzelnen Kindern oder der ganzen Gruppe anbieten, eine kurze Auszeit zu nehmen. So können Sie „ein großes Klassenbeben“ vermeiden.

Klassenräume sollten dafür Rahmenbedingungen bieten, um die Kinder aufzufangen. Die Auszeiten können Kindern und Gruppen helfen, wieder die nötige Konzentration zu finden. Auf diese Weise sorgt man vorhersehbaren Regelbrüchen vor.

Bewegungsmangel kompensieren

Eine häufige Ursache für die Unruhe von Kindern ist das lange Stillsitzen in der Schule. Bewegungsspiele im Unterricht sind gerade bei kleineren Kindern empfehlenswert. Ihnen fällt es noch schwer, längere Zeit konzentriert auf einem Stuhl zu verbringen. Sie können unruhigen Gruppen auch anbieten, den Unterricht für einige Zeit im Stehen durchzuführen. Da wir alle mit dem ganzen Körper lernen, kann eine solche Lernform durchaus motivierend wirken.

So kann man die gesamte Gruppe vielleicht durch ein kurzes Bewegungsspiel entlasten und neu aktivieren. Einzelne Kinder können auf diesem Weg Stress abbauen, ohne verhaltensauffällig werden zu müssen.

Hilfe zur Selbststeuerung

Ein interessantes Modell zur Selbststeuerung für Schülerinnen und Schüler stellt Gert Lohmann vor, indem er sechs Typen irrationaler Überzeugungen anführt:[13]

1. Roboter-Denken *(Das ist nicht meine Schuld!)*
2. Ich-bin-schlecht-Denken *(Ich bin an allem schuld!)*
3. Ihr-seid-schlecht-Denken *(Die anderen sind an allem schuld!)*
4. Ungerechte-Welt-Denken *(Das ist gemein!)*
5. Weichei-Denken *(Das ist mir zu viel!)*

Man sollte Kinder frühzeitig mit diesen Denkmustern vertraut machen, damit sie lernen, diese (auch bei sich selbst) zu identifizieren. Denn feste Denkmuster sorgen häufig für Konfliktpotenzial. Wenn Kinder solche Muster anwenden, kann man sie damit konfrontieren:
Das was du sagst, hört sich nach Roboter-Denken an. Kann es sein, dass meine Vermutung richtig ist?
So kann man Kindern, die intellektuell dazu fähig sind, ihre eigenen Denkmuster spiegeln. Man kann sie dazu anhalten, irrationaler Denkmuster zu verändern.[14]
So können Kinder frühzeitig lernen, flexible Mindsets zu entwickeln, indem sie das eigene Denken reflektieren.

Spiele – Energizer

Nach dem Begrüßungsritual, Morgenkreis oder Check-in habe ich sehr gute Erfahrungen mit kurzen Energizern oder Spielen gemacht. Es handelt sich dabei um kurze Konzentrations-, Entspannungs- oder Bewegungsspiele. Sie dienen dazu, die Gehirne auf Betriebstemperatur und in Bewegung zu

13 Vgl. Lohmann, Gert: Mit Schülern klarkommen. Professioneller Umgang mit Unterrichtsstörungen und Disziplinkonflikten. Cornesen Scriptor 2011.

14 Vgl. Lohmann, Gert: Mit Schülern klarkommen. Professioneller Umgang mit Unterrichtsstörungen und Disziplinkonflikten. Cornesen Scriptor 2011, S. 220.

bringen und sie so für das Lernen zu öffnen. Alle Kinder brauchen immer wieder Bewegung. Die kommt im Unterricht oft viel zu kurz.

Gemeinsam die Kooperation fördern

Gemeinsame Bewegungsspiele fördern nicht nur die Konzentration und erhöhen die Motivation, auch die Kooperation untereinander wird immens gefördert. Das Erleben von Gemeinsamkeit und die Gruppendynamik werden ebenso befeuert. Weil nicht alles in der Schule auf der kognitiven Ebene stattfindet, wird hier vor allem auf der affektiven und physischen Ebene gearbeitet. So werden soziale Lernprozesse spielerisch unterstützt. Die Gruppe wächst emotional zusammen.

Es gibt eine Vielzahl von Spielen (bei älteren Kindern nennt man sie cooler „Energizer"), die die Gruppendynamik positiv beeinflussen. Die Spiele/Energizer verschaffen den Kindern Bewegung oder Ruhe (je nachdem, was eine Gruppe gerade braucht), damit das fachliche Lernen anschließen besser funktioniert.

Spielen bringt uns näher zusammen

Die Kinder berühren sich bei einigen Energizern, was wiederum präventiv wirkt: *Denn wen ich berühre, den lerne ich besser kennen, zu dem entwickle ich eine Nähe. Folglich tue ich ihm auch viel seltener körperliche Gewalt an.* (Das haben Untersuchungen ergeben.)

Spiele fördern das Lernen

Energizer oder Spiele machen auch gute Laune, erzeugen eine positive Stimmung in der Gruppe und werden von allen Altersgruppen gut angenommen. Schnell sind sie in das tägliche Miteinander integriert und werden nach kurzer Zeit schon von den Kindern selbst eingefordert. Meist entwickeln sich dabei auch bestimmte Lieblingsspiele. Und sie verschaffen Kindern zusätzliche Möglichkeiten, den eigenen Energietank wieder aufzufüllen.

Außerdem verschaffen Energizer auch den Kindern Erfolgserlebnisse, die in Fächern vielleicht weniger glänzen können.

Was tun, wenn ...? – Interventionsmöglichkeiten

Im Folgenden werden praktische Möglichkeiten vorgestellt, mit unterschiedlichen Strategien bei Regelbrüchen zu intervenieren.
Die Art der Intervention hängt einerseits immer von der Schwere oder Häufigkeit der Regelbrüche ab, andererseits aber auch von der Entwicklungsstufe der Schülerinnen und Schüler.

Interventionen haben eine doppelte Funktion

Ziel jeder Regelarbeit ist immer ein prosoziales Verhalten der Kinder. Insofern sind Interventionen nicht als Strafe gedacht, vielmehr dienen sie dazu, das ungekonnt-unglückliche Sozialverhalten zu unterbrechen und den sozialen Lernprozess im Kind anzuschieben.

Interventionen erfüllen also zwei wichtige Funktionen:
Sie unterbrechen und stoppen das unerwünschte Verhalten von Kindern.
Anschließend eröffnen sie den sozialen Lernprozess für die Kinder.

Wichtig bei allen Interventionen ist, dass diese zum einen für die Kinder vorhersehbar sind und zum anderen emotionskontrolliert und annahmeverträglich erfolgen. Das Trennen von Person und Problem, das Entkoppeln von Verhalten und Person ist Voraussetzung für das Gelingen. Es geht folglich allein um das Verhalten der Kinder, nicht um das Verurteilen der Person.

Intervention – warum?

Lehrerinnen und Lehrern fällt die Aufgabe der Regelwächterinnen und Regelwächter zu. Wer Regelbrüche ignoriert, sei es aus Zeitmangel oder Desinteresse, aus Konfliktscheu oder mangelndem Interventionsinventar, arbeitet pädagogisch kontraproduktiv. Regelbrüche hinnehmen heißt Regelbrüche akzeptieren. Da es bei Regelbrüchen immer auch Opfer und Leidtragende gibt, werden diese billigend in Kauf genommen.

Opfer müssen nicht immer eine blutige Nase davontragen, es reicht schon, wenn Kinder durch Regelbrüche anderer beim Lernen gestört oder behindert werden. Durch Regelbrüche wird immer irgendjemand auf irgendeine Art behindert oder geschädigt. Es muss nicht immer gleich zu einer seelischen oder körperlichen Verletzung kommen.

Intervention unterbricht Fehlverhalten zeitnah

Intervenieren bedeutet erst einmal, dass das nicht regelkonforme Verhalten unterbrochen und damit dem regelbrechenden Kind bewusst wird. Denn häufig sind sich Schülerinnen und Schüler gar nicht im Klaren darüber, dass sie gerade gegen Regeln verstoßen haben.

Je nach Schwere des Regelbruchs sollte die Intervention ausfallen. Werden Gesprächsregeln verletzt, so reicht meist ein kurzes, körpersprachliches Zeichen, eine kurze Geste oder sogar ein spontanes Innehalten, um die unerwünschte Handlung zu stoppen. Je besser Signale mit Gruppen eingespielt sind, desto weniger Interventionsaufwand muss betrieben werden.

Bei wiederholtem Regelbruch kann man je nach Schwere auch verbal intervenieren. Oder, sollte sich das gewünschte Verhalten nicht zeitnah einstellen und sollten die nonverbalen Hinweise der Lehrkraft ignoriert werden, kann zum Beispiel mit der aufwendigeren Karten- oder Ampelregelung gearbeitet werden. Das bietet sich besonders bei Gruppen an, die älter sind und Regeln immer wieder ignorieren.

Intervention ermöglicht Bearbeitung der Regelverletzung für alle

Es braucht Intervention, damit das Fehlverhalten, sollte es andauern, erst einmal schnell unterbrochen wird und thematisiert werden kann. Nur so gibt es die Möglichkeit, soziale Lernfortschritte für die Kinder zu ermöglichen und dem Ziel näherzukommen, dass beim nächsten Mal nicht wieder ein ähnliches Verhalten gezeigt wird.
Die Art der Intervention sollte immer von der Schwere des Regelbruchs abhängig gemacht werden und im Verhältnis dazu stehen.
Wie beim Fußball gibt es bei kleineren Verfehlungen eine Ermahnung der Schiedsperson. Wertet diese ein Foul als schwerwiegender, zieht sie die Gelbe Karte. Das bedeutet für den foulenden Spieler, dass er nun verwarnt ist und stärker im Fokus des Referees steht. Er spielt sozusagen auf Bewährung weiter und bewegt sich unter besonderer Beobachtung weiter auf dem Feld.

Wenn das Maß voll ist...

Bricht der Spieler oder die Spielerin im Fußball erneut eine Regel, foult wiederholt oder fällt durch eine Beleidigung auf, so kann die Schiedsperson erneut eine Gelbe Karte ziehen. Die wird dann im Fußball als gelb-rote Karte gewertet und zieht einen Platzverweis nach sich. Damit wird der Spieler/ die Spielerin vom weiteren Spiel ausgeschlossen.

Begeht ein Spieler / eine Spielerin ein sehr übles Foul, verletzt dabei möglicherweise einen Gegenspieler oder eine Gegenspielerin vorsätzlich, dann kann die Schiedsperson auch sofort die Rote Karte ziehen und einen sofortigen Platzverweis aussprechen.

Kinder der Klasse verweisen, hilft nicht

Allein das Verlassen des Spielfelds aber bringt noch keine nachhaltige Veränderung des Verhaltens. Fußballspielerinnen und Fußballspieler müssen dann eine saftige Strafe berappen. Für Schülerinnen und Schüler braucht es ein Lernszenario, um vom Regelbruch konstruktiv zu lernen, damit einerseits Verantwortung für das Fehlverhalten übernommen wird, andererseits Handlungsalternativen erarbeitet werden, damit der Regelbruch sich nicht wiederholt. Dafür braucht es Verhaltensalternativen, die den Regelbrechenden möglicherweise noch unbekannt sind.

Karten- oder Ampel-Modell

Die Karten- oder Ampel-Intervention beruht auf der Verabredung von Konsequenzen, die zwischen Lehrkraft und Klasse getroffen wurde. Sie ist eine sich steigernde Interventionsstrategie, um wiederholt regelbrechenden Schülerinnen und Schülern ihre Regelbrüche auf konfrontative Art und Weise zu verdeutlichen und auf die miteinander erarbeiteten Regeln und Konsequenzen erneut und deutlich aufmerksam zu machen.

Sie wird nach folgendem Schema angewendet:

„Vier Level der Konfrontation"

1. Level: Freundlich – nonverbal
Mit einer freundlichen Geste wird das Kind auf seinen Regelverstoß aufmerksam gemacht. Unterlässt es den Regelverstoß, endet die Konfrontation auf dieser Stufe.

2. Level: Unfreundlich – nonverbal
Bei sich wiederholendem Regelbruch wird die Geste mit einem ernsten Gesichtsausdruck wiederholt. Der Schüler / die Schülerin holt sich bei der Lehrkraft die **Gelbe Karte** ab und legt sie sichtbar vor sich hin. Bei keinem weiteren Regelverstoß endet die Konfrontation auf dieser Stufe.

3. Level: Unfreundlich – verbal
Das Kind wird bei weiteren Regelbrüchen mit drei Fragen konfrontiert, d. h., es wird unmissverständlich und im klaren Befehlston aufgefordert, folgende Fragen zu beantworten:

1) *Was tust du gerade?*
2) *Gegen welche Regel(n) hast du verstoßen?*
3) *Was passiert, wenn du wieder gegen die Regel(n) verstößt? Möchtest du in der Klasse bleiben oder gehen?*

Der Schüler / die Schülerin holt sich bei der Lehrkraft die **Orangefarbene Karte** ab. Er/Sie weiß nun, dass die eigene Entscheidungsfreiheit bei einer weiteren Regelverletzung nicht mehr gegeben ist. Daher ist die Frage 3 sehr wichtig, denn sie weist deutlich darauf hin, dass bei einem erneuten Regelverstoß die Klasse verlassen werden muss.

4. Level: Konfrontation durch Verlassen der Gruppe
Die Konfrontation ist jetzt für das Kind schwerwiegender und unangenehm. Nicht der Regelverstoß steht zur Debatte, sondern dass der entsprechende Schüler / die Schülerin die Vorwarnungen nicht akzeptiert hat.

Er/Sie weiß, dass jetzt der Unterrichtsraum verlassen werden muss, denn es gibt nun die **Rote Karte**. Das Kind muss sich nun schriftlich mit dem Regelverstoß auseinandersetzen und einen Rückkehrplan erstellen.

Wiederholte Regelbrecherinnen und Regelbrecher müssen den Plan entweder noch in dieser Stunde oder der nächsten Stunde der Klasse kurz vorstellen, um wieder am Unterricht teilnehmen zu können.

Der Rückkehrplan

Der Rückkehrplan dient dazu, wiederholten Regelbrecherinnen und Regelbrechern die Gelegenheit zu geben, ihr nicht akzeptables Verhalten zu reflektieren, sich die entsprechenden Regeln in Erinnerung zu rufen und darüber hinaus über geeignete Strategien nachzudenken, die es ihnen ermöglichen, in den nächsten Stunden nicht wieder dieselben Regeln zu brechen.

Insofern dient der Rückkehrplan dazu, den Prozess einer Verhaltensänderung in Gang zu setzen. Darin liegt auch der pädagogische Wert der Rückkehrpläne gegenüber den üblichen Sanktionsmitteln.

Ein möglicher und sehr einfach gehaltener Rückkehrplan könnte folgendermaßen aussehen:

Mein Rückkehrplan in den Unterricht

Name: ______________________________

Datum: ______________________________ Klasse: __________

Wie oft musste ich wegen einer Roten Karte schon die Klasse verlassen?

_____ -mal

Wer hat mir heute die Rote Karte gezeigt?

Herr/Frau ______________________________

Gegen welche Regel(n) habe ich verstoßen?

Was hat mir mein Verhalten gebracht/genutzt?

Was kann ich genau tun, um in Zukunft nicht mehr gegen diese Regel(n) zu verstoßen?

Unterschrift Schüler/Schülerin ______________________________

Natürlich können Rückkehrpläne auch differenzierter entworfen werden.

Je nachdem, auf welchem kognitiven und sprachlichen Entwicklungsstand sich die Kinder befinden, kann man zum Beispiel auch nach den Ursachen des Regelbruchs fragen, mögliche fremde und eigene Anteile daran schildern lassen, nach Gefühlen und Stimmungen vor dem Regelbruch fragen oder die Motivation dafür erklären lassen.

Diese Art der Intervention eignet sich besonders gut für Gruppen, die immer wieder Regelverstöße begehen.

Die Trainingsraum-Methode

Rückkehrpläne werden am besten im schuleigenen Trainingsraum, der extra für wiederholt regelbrechende Schülerinnen und Schüler eingerichtet wurde, mithilfe und mit Unterstützung von Pädagoginnen und Pädagogen ausgefüllt. Gerade in Grundschulen, wo vermehrt Erziehrinnen und Erzieher arbeiten, können Trainingsräume leichter betrieben werden als an weiterführenden Schulen.

Schülerinnen und Schüler, die in den Trainingsraum geschickt werden, werden dort freundlich und respektvoll empfangen, es sollte eine Atmosphäre der gegenseitigen Wertschätzung herrschen, die Schülerinnen und Schüler sollten den Trainingsraum nicht als Strafe, sondern als zusätzliches soziales Lernangebot wahrnehmen.

Trainingsräume zeigen die Konfliktkultur einer Schule

Trainingsräume an der Schule einzurichten, lohnt sich, denn so erfahren alle Schülerinnen und Schüler, dass Regelverstöße geahndet werden, dass es an der Schule einen einheitlichen Regelkanon gibt und alle Lehrkräfte an einem Strang ziehen. Damit baut sich eine Schule ein funktionierendes und verlässliches Fundament, um den eigene Regelkanon zu stärken.

Das Nach- und Überdenken des eigenen Regelbruchs sowie das Übernehmen von Verantwortung für das eigene Fehlverhalten sind Sinn und Zweck des Aufenthalts im Trainingsraum. Mit der Unterstützung von Trainingsraumlehrkräften sollen im Kind Denkprozesse in Gang gesetzt werden, die sein bisheriges Verhalten an die geltenden Regeln bindet und es ihm ermöglicht, in einer ruhigen, entspannten, vorwurfsfreien und auf gegenseitigem Respekt basierenden Atmosphäre Ideen zu entwickeln, wie seine Ziele und Wünsche in Zukunft besser zu erreichen sind, ohne dass dabei Rechte der anderen (Recht auf regelkonformen Unterricht) verletzt werden.

Kinder benötigen klare Strukturen und Korrekturen

Sinn und Zweck begleitender Gespräche ist es herauszuarbeiten, wie die betreffenden Kinder es erreichen können, Regeln nicht mehr zu brechen und wie sie ihr Vorhaben möglichst in einem konkreten, mess- und überschaubaren Plan in der Zukunft praktisch umsetzen können.

Es geht nicht um Schuld, sondern Verantwortungsübernahme
Es wird nicht nach dem *Warum* gefragt (Warum hast du das gemacht?), sondern nach dem *Wie* (Wie könnte es in Zukunft anders gehen?). Das Erarbeiten persönlicher Strategien steht im Vordergrund.

Der Trainingsraum sollte den gesamten Tag über besetzt sein, um zeitnah intervenieren zu können. Er bietet die Möglichkeit, die Regelbrechenden einerseits respektvoll aus dem Klassenzimmer zu „verabschieden" (Lehrkräfte und die Gruppe werden entlastet), und das regelbrechende Kind bekommt andererseits die Möglichkeit, aus seinem Fehlverhalten zu lernen. Das Fehlverhalten wird auf diese Weise in den Fokus genommen, nicht sanktioniert, sondern pädagogisch wertvoll und nachhaltig zur Lernchance umfunktioniert.

Die Trainingsraum-Methode eignet sich für Schülerinnen und Schüler, die zur Selbstreflexion fähig sind. Der Rückkehrplan im Trainingsraum muss nicht immer schriftlich bearbeitet werden. Er kann auch im Gespräch mit den Lehrkräften mündlich verhandelt werden. Kindern, denen keine Handlungsalternativen einfallen, werden im Trainingsraum unterstützend begleitet.

Die Trainingstisch-Methode

Solange eine Schule über keinen Trainingsraum verfügt, kann das Kind den Rückkehrplan auch an einem vor der Klasse platzierten Tisch bei geöffneter Klassentür in Blickkontakt oder mithilfe der Lehrkraft ausfüllen. Die entsprechende Lehrkraft kann dabei wertschätzend, freundlich und konstruktiv unterstützen, indem sie nachfragt, ob das Kind, das gerade am Trainingstisch sitzt, Unterstützung oder Hilfe beim Ausfüllen des Rückkehrplans benötigt.

Wenn die Klasse an den Trainingstisch und den Rückkehrplan gewöhnt ist, haben die Lehrkräfte damit ein wirkungsvolles Instrument in der Hand, um auf Verhaltensänderung von Regelbrechern konkreten Einfluss zu nehmen.

Die Trainingstisch-Methode eignet sich für Schülerinnen und Schüler, die kognitiv in der Lage sind, eigenes Fehlverhalten stichwortartig zu reflektieren.

Anschließend wir der Rückkehrplan der Klasse vorgestellt. Für seine Bemühungen kann das Kind auch Applaus von allen bekommen. Damit wird anerkannt, dass es sich um prosoziale Verhaltensweisen bemühen wird.

Wenn Kinder vor Wut austicken

Kinder sind keine Mini-Erwachsenen. Deshalb pflegen sie zum Teil auch einen anderen Umgang mit Emotionen. Eben auch, weil sie sich häufig emotional nicht so verbiegen (können), wie es Erwachsene tun.

Das Trotzalter von Kindern, das häufig von heftigen Wutausbrüchen gekennzeichnet ist, endet normalerweise mit ungefähr drei Jahren. Aber auch in der Schule gibt es mitunter zu bestaunen, was auch ältere Kinder an Wut rauslassen. Wenn sie beispielsweise nicht das bekommen, was sie sich wünschen, oder sich etwas vorgenommen haben, was sie nicht schaffen. Dann entsteht Frust, der ungebremst rausgelassen wir.

Viele Erwachsene können mit solchen Wutanfällen nur schlecht umgehen, sie versuchen, auf das Kind einzureden, es zu beschwichtigen, denn das Zeigen offener Wut erfährt in unserer Kultur meist eine negative Konnotation.

Aber Wut ist ein Transfergefühl, es zeigt, das da im Organismus etwas nicht in Ordnung ist. Wut bewegt etwas und hält, weil Wut viel Energie benötigt, meist nicht allzu lange an.

Lehrerinnen und Lehrer sollten auf solche Wut gelassen reagieren, denn Wut und Aggression sind Teile unseres menschlichen Gefühlsspektrums und durchaus Ausdruck von Lebenskraft. Aggressive Impulse haben durchaus ihre Berechtigung und deren Unterdrückung erweist sich oft als kontraproduktiv.

Besser ist es, Kindern pädagogisch möglichst früh Angebote zu machen, mit Wutgefühlen umzugehen und zu lernen, sie sozialverträglich zu kommunizieren. Denn Kinder dürfen Grenzen überschreiten, müssen sich emotional ausprobieren dürfen und dabei auch Wut zeigen, weil sonst bestimmte Lernprozesse unterdrückt werden. Deshalb sollten auch offen gezeigte Aggressionen immer im Kontext kindlicher Entwicklung gesehen und nicht geächtet werden.

Wer versucht, Kindern Gefühle auszureden oder diese zu unterdrücken, der nimmt Kindern ganz natürliche Lernerfahrungen und bekommt Kinder, die ihre Aggressionen verstecken und diese dann auf andere Weise (Mobbing) verdeckt rauslassen müssen.

Insofern gilt auch für Lehrerinnen und Lehrer, auf Wutausbrüche konstruktiv tröstend und unterstützend zu antworten. Wer sich diese erklären kann und sie als natürliche Entwicklungsschritte ansieht, muss sie auch nicht ächten oder sanktionieren.

Die Stopp-Regel

Die Stopp-Regel erfüllt eine Sonderfunktion. Sie entspringt der Tradition der Peereducation und entlastet Lehrkräfte. Denn mit der Stopp-Regel lernen Kinder, sich selbst von anderen abzugrenzen, wenn diese bestimmte Grenzen überschreiten. Die Kinder selbst unterbrechen dabei ein nicht regelkonformes Verhalten.

Die Stopp-Regel ist eine Regel, die man in Klassen einführen sollte, damit Kinder lernen, sich vor verbalen wie körperlichen Übergriffen gleichermaßen zu schützen.

Bei entsprechend übergriffigem Verhalten, wenn also Regeln des Zusammen-Lebens verletzt werden, ruft ein Kind laut *Stopp!*, sodass es alle hören. Es kann dann noch einen Satz anhängen, der genau beschreibt, womit das andere Kind aufhören soll.

Stopp! Hör‘ auf, mich zu beleidigen / zu beschimpfen!
Stopp! Hör‘ auf, mich zu treten / zu schlagen!
Stopp! Hör‘ auf, mich festzuhalten!
Stopp! Hör‘ auf, mich bei der Arbeit zu stören!

STOP

Mit der Stopp-Regel Selbstbewusstsein stärken

Damit ist die Gruppe angesprochen, Hilfe zu leisten. Wirkt das nicht, können Lehrerinnen oder Lehrer herbeigeholt werden, um das Fehlverhalten zu unterbinden.

Die *Stopp-Regel* dient als Hilfe zur Selbsthilfe. Denn nicht immer ist es von Vorteil, wenn sich Erwachsene einmischen. Ziel sollte immer sein, dass Kinder lernen, sich selbst zu organisieren.

Das *Stopp!* sollte möglichst laut und deutlich gerufen werden. Es stellt ein Signal dar, dass hier etwas nicht mehr hingenommen oder eine Grenze überschritten wird, das Ganze kein Spiel mehr ist. Die *Stopp-Regel* dient unter anderem dazu, weitere Eskalation bereits im Keim zu ersticken und Regelbrechenden keine Eskalationsdominanz zu geben.

In Rollenspielen kann diese Regel zusammen mit der Klasse eingeübt werden.

Mit *Stopp!* schnell unerwünschtes Verhalten unterbrechen

Bei Verbalattacken sollten auch Lehrerinnen und Lehrer diese Regel anwenden. Laut und deutlich *Stopp!* rufen, damit eine weitere Eskalation verhindert wird. Anschließend kann man fragen: *Gegen welche Regel(n) hast du gerade verstoßen? Nenne sie bitte.*

Wenn keine Antwort kommt, können andere einspringen und die entsprechende Regel nennen. Was auf jeden Fall passieren muss, ist eine angemessene Entschuldigung.

Zeit geben, um runterzukühlen

Wenn Schülerinnen und Schüler nicht gleich bereit oder in der Lage sind, sollte die Entschuldigung später erfolgen. Möglichst für alle hörbar oder, wenn es jemand gar nicht hinbekommt, auch in schriftlicher Form. Damit setzen Sie Standards für alle.

Es kann sein, dass Kinder nach heftigen Streits noch außer sich sind, noch „im Wuttunnel stecken". Dann macht es wenig Sinn, auf eine sofortige Entschuldigung zu beharren. Die Kinder brauchen erst einmal Zeit, um sich zu beruhigen und um die eigenen Emotionen runterzukühlen. Sie können dazu anbieten, dass die Kinder mit einer Freundin oder einem Freund kurz vor die Tür gehen, um ihren Organismus wieder in Balance zu bringen. Hier weiter auf etwas zu beharren, wäre kontraproduktiv und würde nur zu einer weiteren Eskalation führen. Lieber abwarten und Zeit geben.

Verbale Übergriffe auf Lehrkräfte

Verbale Übergriffe von Kindern auf Lehrkräfte können bei der Lehrerin oder dem Lehrer ähnliche psychische Verletzungen wie körperliche Angriffe hinterlassen. Vor allem dann, wenn verbale Regelverstöße von der Lehrkraft als persönlicher Angriff oder Beleidigung interpretiert werden.
Denken Sie daran, in solchen Augenblicken bei dem angreifenden Kind Person und Problem zu trennen und mögliche Ursachen für den Regelbruch zu identifizieren. Dann verstehen Sie, warum der Schüler oder die Schülerin so „austickt". Wer sich das Fehlverhalten erklären kann, fühlt sich meist auch nicht persönlich angegriffen.

Trotzdem handelt es sich um einen Regelverstoß, der zu ahnden ist. Denn etwas zu verstehen, heißt noch lange nicht, damit auch einverstanden zu sein. Insofern ist auch die Lehrkraft, die gelernt hat zwischen Person und Problem zu trennen, aufgefordert, entsprechend zu intervenieren.

Gute Lehrkräfte explodieren nicht

Weil die Lehrkraft durch ihr Verstehen der Situation emotional cool und kontrolliert bleiben kann und dementsprechend nicht in den persönlichen Ausnahmezustand wechseln muss, hat sie gute Möglichkeiten, auf die Attacke angemessen zu reagieren.

Wer im Besitz seiner kognitiven Fähigkeiten bleibt, behält durch seine Emotionskontrolle weiterhin Zugriff auf alle Ressourcen. Damit können Lehrkräfte überlegt reagieren, sich die nötige Zeit nehmen, um nach einer konstruktiven und angemessenen Interventionsmöglichkeit zu suchen.

Jeder Bruch einer Gesprächsregel sollte bearbeitet werden, um ein gutes Kommunikationsklima in Klassen zu installieren, egal ob Lehrkräfte oder andere Kinder sich adressiert fühlen. Eine Entschuldigung für Verbalattacken ist deshalb immer notwendig und sollte zum Verhaltensstandard einer Gruppe zählen.

Verbale Übergriffe auf andere Kinder

Eigentlich sollte gar nicht unterschieden werden, gegen wen sich eine verbale Attacke richtet. Denn Regelbrüche sind Regelbrüche, egal gegen wen sie sich wenden oder wer sich angesprochen fühlt. Deshalb sollten alle verbalen Übergriffe bearbeitet werden. Ansonsten herrscht in Gruppen schnell das Recht des Stärkeren und es wird eine wenig wertschätzende Kommunikationskultur etabliert. Gerade wenn sich in einer Klasse bestimmte Kinder immer wieder durch verbale Übergriffe hervortun, droht Gefahr, dass die gesamte Kommunikationskultur leidet. Und mit ihr meist die eher stillen Kinder.

Beleidigungen sind uncool

Insofern muss jede Beleidigung, jeder Bruch der Gesprächsregeln geahndet werden. Wenn man sich heute in Schule umhört, scheint das Beleidigen anderer zu einer Art „Sport“ geworden zu sein. Beleidigungen sind aber Angriffe auf die Persönlichkeit eines Menschen. Sie werden häufig gezielt abgeschossen, weil sie den Täterinnen und Tätern ein Überlegenheitsgefühl suggerieren. Schwache Charaktere laden sich an anderen narzisstisch auf, benutzen diese als Tankstelle, um eigene Schwächen zu kompensieren. Häufig beginnt Mobbing auf diese Art und Weise. Wer Mobbing unterbinden will, der sollte in einem möglichst frühen Stadium damit beginnen. Denn Mobbing beginnt mit der Platzierung kleiner Gemeinheiten. Deshalb immer wieder auf Kleines reagieren, damit Großes gar nicht erst passiert.

Intervenieren heißt auch, Mobbing vorzubeugen

Werden andere Kinder hörbar im Unterricht beleidigt, stoppt man den Unterricht sofort und fragt, wer die Beleidigung ausgesprochen hat. Dann kann man die oder den Beleidigten fragen, wie er/sie sich gerade fühlt. Traut er/sie sich nicht, die eigenen Gefühle zu äußern, kann die Lehrkraft einspringen und sagen, wie es ihr gehen würde, wenn sie derart verbal attackiert worden wäre. Alle hören das und man kann in die Runde fragen, wem es schon einmal ähnlich ging und wie sich das angefühlt hat. So lernt eine Gruppe Empathie.

Das Kind, das die Beleidigung ausgesprochen hat, muss sich dann förmlich entschuldigen und vielleicht noch etwas anbieten, das das Opfer tröstet oder versöhnt.
Solche sozialen Lernszenarien zu bauen, ist äußerst wertvoll, denn alle Kinder haben dabei einen Lernzuwachs. Zum einen sehen sie, dass Beleidigungen von den Lehrkräften verfolgt und geahndet werden und, dass sie für den Sender / die Senderin unmittelbare Konsequenzen haben.
Außerdem bekommen alle die Möglichkeit, Empathie mit dem Opfer zu entwickeln. Konsequente Lehrkräfte geben Gruppen damit Sicherheit.

Körperliche Übergriffe auf Lehrkräfte

Was tun, wenn Kinder in den Wuttunnel geraten und ihr Verhalten nicht mehr angemessen steuern können und Lehrkräfte körperlich attackieren?

Körperliche Attacken sind in jeder Hinsicht ein No-Go. Sie dürfen nicht hingenommen und akzeptiert werden, egal gegen wen sie gerichtet sind. Denn auch jede körperliche Attacke ist letztlich ein Regelbruch.

Wer körperliche Angriffe verharmlost, öffnet jeglicher Art körperlicher Gewalt Tür und Tor. Körperliche Übergriffe, die geduldet werden, vergiften die Atmosphäre und das Klima einer Gruppe, denn letztlich wird damit das Recht des Stärkeren proklamiert.
Alle haben das natürliche Bedürfnis nach Sicherheit und Geborgenheit. Deshalb muss Schule in jeder Hinsicht ein geschützter Raum für alle sein.

Insofern gilt es, körperliche Angriffe auf die Lehrkraft sofort zu unterbinden und entsprechend zu ächten, aber trotzdem nicht nur zu sanktionieren. Denn allein Sanktionen auszusprechen, führt nicht zu der gewünschten Verhaltensänderung.

Setzen Sie zunächst ein drastisches Stopp-Zeichen.
Schauen Sie dann, was den Angriff möglicherweise ausgelöst haben könnte: Tragen Sie eventuell einen Eigenanteil daran oder waren es andere Auslöser?
Wer hier analytisch schnell unterwegs ist, kann sich selbst manchen Frust ersparen:
Bin ich als Person wirklich gemeint? Gab es im Vorfeld bereits Signale oder andere Hinweise an mich? Oder bin ich rein zufällig in den Fokus der Wut geraten?

Wer in solchen Situationen einen klaren Kopf und die Übersicht behält, wer dabei auch das eigene Verhalten reflektieren kann, der wird die richtige Interventionsmethode finden. Es gilt, sich selbst, aber auch das Kind erst einmal zu beruhigen. Wenn man selbst in Stress gerät, hilft es, dass man Freunde und Freundinnen des Kindes auffordert, das Kind beim Sichberuhigen zu unterstützen. Um selbst runterzukommen, hilft bewusstes Ein- und Ausatmen oder man zählt ganz ruhig bis zehn, je nachdem wie viel Zeit man selbst benötigt.

Erst wenn man selbst wieder emotional stabil ist und damit den Zugriff auf die eigenen kognitiven Kompetenzen hat, sollte man mit dem Kind ruhig reden. Ein klärendes Gespräch findet am besten unter vier Augen statt. Stellen Sie dem Kind Fragen, möglichst aber keine Warum-Fragen, denn diese ziehen meist nur Rechtfertigungen nach sich. Besser man fragt:

Was hat dich so wütend gemacht, dass du auf mich losgehen musstest? Wie kam es dazu, dass du die Kontrolle verloren hast?

Selbstverständlich muss, selbst wenn ein Verständnis für das Verhalten aufgebracht werden kann, mindestens eine Entschuldigung erfolgen. Natürlich sollte auch die Lehrkraft sagen, wie es ihr bei der Attacke gegangen ist. Das entlastet zum einen, zum anderen fördert es die Verantwortungsübernahme des Kindes für sein Fehlverhalten und die Empathie der Klasse.

Bei allen Interventionsstrategien, die Sie einsetzen, egal gegen welchen Regelbruch, sollten Sie sich immer bewusst sein, dass auch alle anderen Kinder Ihr Interventionsverhalten genau beobachten und für sich deuten.

Attacken gegen Lehrkräfte müssen auch von der Lehrkraft selbst verarbeitet werden. Die Verarbeitung kann bei heftigen oder vorsätzlichen Attacken schwerfallen und Zeit benötigen.

Körperliche Übergriffe auf andere

Natürlich muss auch bei körperlichen Übergriffen gegen andere Schülerinnen und Schülern interveniert werden.

Wenn Kinder sich balgen, schlagen usw., muss immer die Intensität der Auseinandersetzung beachtet werden: Wo ist es noch Spiel und wo hört für den einen oder die andere das Spiel auf? Kinder müssen sich miteinander messen, auch körperlich. Sie müssen auch ihre körperlichen Möglichkeiten und Grenzen kennenlernen und ausloten. Und das können sie nur in der Auseinandersetzung mit anderen, auch in der physischen.

Spiel oder Ernst?

Lehrkräfte haben meist ein sicheres Gefühl dafür, wo es beginnt, ernst zu werden.

Bei Gewalt oder Bedrohungsszenarien muss die Gewalt erst einmal unterbrochen werden, um das oder die möglichen Opfer zu schützen. Sie müssen möglichst schnell intervenieren. Es muss immer abgewogen werden, ob man selbst körperlich eingreifen sollte oder ob ein verbales Stopp-Zeichen reicht. Auf jeden Fall sollte verhindert werden, dass eine weitere gewalttätige Eskalationsstufe erreicht wird. Die ist in manchen Fällen schneller erreicht, wenn man selbst dazwischen geht. Reicht eine verbale Aufforderung, voneinander zu lassen, nicht, dann kann man sich zwischen die beiden Streitenden stellen. Reicht das nicht, können sie andere Lehrkräfte um Hilfe bitten.

Erst einmal voneinander trennen – Blickkontakt unterbrechen

Am besten ruft man laut und deutlich den Namen des vermeintlichen Aggressors und sagt anschließend ebenso laut wie deutlich: *Auseinander, stopp, jetzt ist Schluss!* Es ist wichtig, beide Parteien erst einmal voneinander zu trennen und beide, eventuell mit ihren Freunden und Freundinnen, in verschiedene Richtungen zu schicken. Der Blickkontakt sollte unterbrochen werden, damit alle Beteiligten runterkühlen können. Solange sich die Kinder im Wuttunnel befinden, ist ohnehin keine Partei kognitiv erreichbar, und solange ist auch kein Klärungsgespräch möglich. Das sollte dann anschließend stattfinden.

Dem Angreifer oder der Angreifenden fest in die Augen zu schauen, kann helfen, das aggressive Verhalten zu beenden. Denn direkter Augenkontakt signalisiert: *Hier bin ich, mit mir musst du rechnen, ich will das hier beenden, ich habe einen Plan und den ziehe ich durch!*

Auch dem angreifenden Kind eine Frage zu stellen, unterbricht das Handlungsmuster. Laut fragen: *Was wird das hier? Wie kann das schnell aufhören? Wie lange soll das hier noch so weitergehen?* Wer nach einer Antwort suchen muss, schlägt erst einmal nicht weiter. Und wer fragt, hat die Handlungshoheit.

Es geht auch nicht darum, wer angefangen oder Schuld hat, es geht allein darum, alle daran Beteiligten ausfindig zu machen.

Erst dem Opfer helfen, ...

Sollte es Opfer gegeben haben, benötigen diese erst einmal Hilfe. Man kann Freundinnen und Freunde des Opfers hinzubitten oder auch selbst Trost oder seelischen Beistand spenden, möglicherweise Erste Hilfe leisten oder diese organisieren. Neben dem Beruhigen kann man das Opfer in den Arm nehmen oder ihm einfach nur zuhören und seine Wünsche erfragen. *Was brauchst du jetzt gerade? Wie kann ich / wie können andere dir helfen?*

Das Verhalten des Täters / der Täterin, so es gewalttätig war, sollte durchaus geächtet werden. Mit dem Täter oder der Täterin muss auf jeden Fall anschließend ein Gespräch geführt werden, in dem das nicht regelkonforme und eindeutig Grenzen überschreitende Verhalten aufgearbeitet wird. Auch die Täterpartei muss dazu erst einmal beruhigt werden. Es braucht je nach Schwere der Tat auf jeden Fall eine angemessene Wiedergutmachung, eine Entschuldigung wäre das Mindeste.

... dann auf die Gefühle eingehen

Man kann, wenn es möglich ist, beide Kinder zusammen befragen oder einzeln. Damit beide Parteien besser runterkühlen können und den jeweils anderen Standpunkt auch hören können, eignen sich die folgenden Fragen gut:

- *Was ist passiert?*
- *Wie ging es dir, als der Streit losging?*
- *Wie war das für dich?*
- *Welche Gefühle hattest du dabei?*
- *Was fühlst du jetzt?*
- *Was wolltet ihr voneinander?*

Mit diesen Fragen holen Sie die beiden Konfliktparteien möglicherweise schneller aus dem Wuttunnel.

Angst sollten Lehrkräfte vor Täterinnen und Tätern in der Grundschule nicht entwickeln, denn gerade hinter aggressivem Gehabe und Gewaltausbrüchen verstecken sich meist Schwäche und Hilflosigkeit.

Erst aus dem Wuttunnel raus, dann Konflikt klären!

Nach der ersten Befragung können Sie gemeinsam mit den Kindern entscheiden, wie man den Konflikt am besten beilegen kann. Möchten beide ein gemeinsames Gespräch oder beide einzeln? Solche Gespräche sollten dann auf die Bedürfnisse und Wünsche beider abzielen. Auf jeden Fall muss es Konsequenzen für den Aggressor / die Aggressorin geben, allein um ein Signal an alle anderen zu senden: Gewalt dulden wir an der Schule nicht!

Wenn es zu Sachbeschädigungen oder Verletzungen des Opfers gekommen ist, kann natürlich auch Anzeige erstattet werden. Das kann auch geschehen, wenn der Täter / die Täterin nicht einlenkt oder einen Täter-Opfer-Ausgleich verweigert. Hier sollten auch die Eltern des Opfers einbezogen werden.

Mögliche Fragen an den Täter oder die Täterin:

- *Gegen welche Regel(n) hast du verstoßen?*
- *Wie willst du das wieder gutmachen?*
- *Was kannst du für den anderen tun?*

Wie bereits erwähnt, eignen sich die gerne verwendeten Warum-Fragen nicht besonders gut, um Konflikte zu klären. Denn daraus entstehen häufig unergiebige Diskussionen, weil den Täterinnen oder Tätern dann für Begründungen und Rechtfertigungen ihrer Tat Tür und Tor geöffnet werden.

Wir wollen aber keine Rechtfertigungen hören, sondern Verantwortungsübernahme erreichen.

Auf der Gefühlsebene entwickelt sich Empathie

Wenn eine Prügelei zum Beispiel in der Klasse vor allen stattgefunden hat, sollte sie auch allgemein aufgearbeitet werden. Denn auch die Kinder, die nur dabeistanden, waren, wenn auch indirekt, beteiligt. Alle sollten Zivilcourage lernen. Ihnen sollten Möglichkeiten an die Hand gegeben werden, wie sie selbst deeskalieren könnten, wenn andere sich prügeln.

- Was hättet ihr tun können, damit es gar nicht erst zu einer Prügelei gekommen wäre?
- Welche Möglichkeiten hätte es gegeben, beschwichtigend auf den Angreifer / die Angreiferin einzuwirken?
- Was kann man in Konflikten tun, ohne körperlich aneinanderzugeraten?

Gruppen, die über Deeskalationstechniken verfügen, sind besser aufgestellt. Man kann solche Techniken in Rollenspielen mit allen altersabhängig einüben. In Rollenspielen können sich alle austoben, allerdings immer unter der Prämisse der Wertschätzung und des Respekts den anderen gegenüber. Rollenspiele finden im geschützten pädagogischen Raum statt und haben ebenso eine präventive Wirkung. Wer sich in Rollenspielen ausspielen kann, muss das nicht in der Realität tun.

Der Täter-Opfer-Ausgleich

Immer wenn es offensichtliche Opfer gibt, wenn beleidigt oder körperlich attackiert wurde, muss ein sogenannter Täter-Opfer-Ausgleich erfolgen. Der kann je nach Schwere des Angriffs verschiedene Formen haben.

In der Grundschule können Täterinnen und Täter ihren Opfern etwas Gutes tun, ihnen bei schwierigen Aufgaben helfen, für sie Hausaufgaben erledigen oder für die gesamte Gruppe etwas leisten. Hier sollte der Erfindungsgeist in den Kindern geweckt werden.

Lernziel Verantwortungsübernahme

Wichtig ist nur, dass auch die jungen Täterinnen und Täter irgendetwas als Ausgleich für ihr Fehlverhalten für den Geschädigten /die Geschädigte oder die geschädigte Gemeinschaft anbieten und tun. Damit übernehmen sie Verantwortung für ihren Regelbruch und lernen, dass Fehlverhalten Konsequenzen nach sich zieht.

Wenn potenziellen Täterinnen und Tätern die Konsequenzen ihres möglichen Handelns bekannt sind und sie wissen, dass ihr Verhalten Konsequenzen zwingend nach sich zieht, dann überlegen viele von ihnen, ob sich ihr geplantes Verhalten auch wirklich für sie lohnt.

Hier sind alle Lehrkräfte gefordert, denn nichts ist in der Pädagogik so schwer, wie dauerhaft konsequent zu sein. Aber das allein ist der Königsweg zum Ziel: Regelbruch und Laisser-faire gehen deshalb gar nicht zusammen. Konsequenz ist ein absolutes Muss.

Zur Grundausstattung sozialer Kompetenzen zählt deshalb der Täter-Opfer-Ausgleich, er ist in unserer Gesellschaft kulturhistorisch verankert und kann von Opfern erwartet werden.

Die Entschuldigung

Auch die Entschuldigung ist eine Art Täter-Opfer-Ausgleich. Sich für ein Fehlverhalten zu entschuldigen, ist ein gesellschaftlich verabredetes Ritual. Es wird als eine Art Wiedergutmachungsstrategie angesehen und gerade dann erwartet, wenn es um das Fortbestehen einer Beziehung geht, die als erhaltenswert angesehen wird.

Sich entschuldigen ist ein Sprechakt, der nach bestimmten Regeln erfolgt, der Zeit braucht und nach einer angemessenen Haltung sowie Formulierung verlangt.

Ein nur lässig und leidenschaftslos dahingesagtes *Tschuldigung*, wie man es oft hört, reicht nicht. Ein ganzer Satz ist das Mindeste, was das Opfer erwarten kann: *Entschuldige bitte, dass ich ausfallend / so wütend geworden bin und dich beschimpft habe. Es tut mir leid.*

Entschuldigungen sind unverzichtbar

Je nachdem wie sprachentwickelt und sprachgewandt die Kinder sind, sollte eine Entschuldigung nicht nur dann erfolgen, wenn man weiterhin in einer Gemeinschaft wie einer Klasse miteinander kooperieren muss. Jedes Fehlverhalten sollte eine Entschuldigung nach sich ziehen.

Entschuldigungen müssen angenommen werden, ansonsten besteht bezüglich des jeweiligen Problems miteinander noch weiterer Rede- oder Diskussionsbedarf.

Insofern sollten auch Entschuldigungen stets annahmeverträglich vorgetragen werden. Kindern sollte verdeutlicht werden, dass, wenn sie sich anderen gegenüber fehlverhalten, eine Entschuldigung von ihnen erwartet wird.

Sich entschuldigen können, verleiht Handlungssicherheit

Entschuldigungen kann man mit der gesamten Gruppe in Rollenspielen einüben. Damit vermittelt man Kindern eine wichtige soziale Kompetenz. Denn alle werden irgendwann mal eine Regel brechen, ein Fehlverhalten anderen gegenüber zeigen. So wissen alle, was sie erwartet und wie man einen solchen Ausrutscher wiedergutmachen kann. Das gibt Kindern Handlungssicherheit, ist gemeinschaftsfördernd und klimafreundlich für das gemeinsame weitere Zusammenleben und -arbeiten in der Klasse.

Auch damit lernen Kinder, dass Regelbrüche Konsequenzen haben, und sie lernen auch, dass man sich für ein Fehlverhalten entschuldigen, dafür Verantwortung übernehmen muss. Natürlich können Kinder sich auch darüber hinaus eine zusätzliche Wiedergutmachung ausdenken. Hier sei der Fantasie keinerlei Grenze gesetzt.

Kinder erfahren Entlastung und lernen zu vergeben

Mit dem Ritual der Entschuldigung lernen Kinder auch, dass ihnen ihr Fehlverhalten nicht weiter nachgetragen wird. Das schafft Entlastung auch für die, die das Fehlverhalten gezeigt haben. Denn mit der Entschuldigung sollte es dann auch gut sein. Die Opfer lernen so zu vergeben, weil durch den Sprechakt der Entschuldigung eine gewisse Wiedergutmachung erfolgt ist.

Auf jeden Fall sollten Lehrkräfte auf Entschuldigungen bestehen. Und wer sie nicht verbal äußern kann oder möchte, kann dies auch in Form eines Briefes tun.

Soziale Selbstkompetenzen fördern das Miteinander

Sowohl im Täter-Opfer-Ausgleich als auch bei der Entschuldigung geht es darum, den Kindern Verantwortungsbewusstsein für ihr Fehlverhalten abzuverlangen und letztlich für begangene Regelbrüche geradezustehen. Denn häufig mache sich die Kinder leider keine Gedanken darüber, wie es den anderen bei ihrem Tun geht. Wenn wir auf diese Rituale verzichten, nehmen wir Kindern die Verantwortung ab. So aber versetzen wir sie in die Lage, auch Unangenehmes selbst regeln zu lernen. Das stärkt auch kleine Persönlichkeiten.

Zielgerichtete Zusatzaufgaben

Zu den verschiedenen Regelverstößen kann man auch mit gezielten Zusatzaufgabe arbeiten. Diese sollten immer in direktem Zusammenhang mit dem Regelverstoß stehen. Die Aufgaben sollten folglich mit der oder den gebrochenen Regel(n) und dem erwünschten Verhalten in direkter Beziehung stehen:

Wer andere beleidigt hat und dafür zusätzliche Matheaufgaben lösen muss, der lernt weder sozial noch verhaltensmäßig irgendetwas dazu.

Kinder können zu den Regeln entsprechende Ge- oder Verbotsschilder malen, vorgegebene Multiple-Choice-Aufgabe oder Richtig-falsch-Aufgaben zu erwünschten Verhaltensweisen bearbeiten, entsprechende Rätsel lösen, Entschuldigungs-, Wiedergutmachungstexte oder -briefe verfassen, Konsequenzen, Vor- und Nachteile des eigenen Fehlverhaltens schildern oder Geschichten von Regelbrecherinnen und Regelbrechern erfinden und vorlesen. Temporär bestimmte Aufgaben für die Klassengemeinschaft zu übernehmen, wird eher als Strafe empfunden und ändert nicht unbedingt ein Verhalten.

Solange derartige Aufgaben allein auf das Fehlverhalten der Kinder abstellen, erfüllen sie eine Lernfunktion. Nur sollten sie nicht als Strafe an die Kinder kommuniziert, sondern stets als Lernhilfe deklariert und kommuniziert werden.

Wenn Kinder nicht einlenken

Wenn Kinder nicht einlenken und sich nicht auf die Intervention der Lehrkräfte einlassen, dann sieht das im ersten Augenblick vielleicht nach einem Machtkampf aus. Der benötigt dann Nerven und Geduld. In der Ruhe aber liegt die Kraft. Insofern bleiben Sie cool, lassen Sie sich nicht auf Machtkämpfe ein, Sie sind die Chefin oder der Chef und bleiben trotzdem am Ball.

Gründe checken, wenn Kinder sich verweigern

Wenn man sieht, dass das entsprechende Kind noch nicht bereit ist für eine weitere Bearbeitung des Regelbruchs, dann kann man dem durchaus nachgeben, man kann einlenken, Verständnis zeigen und das weitere Procedere verschieben. Letztlich ist die Bereitschaft des Kindes erforderlich, wenn es um weitere gemeinsame pädagogische Schritte geht. Gemeinsame Ziele erreicht man auch nur gemeinsam. Und aufgeschoben ist nicht aufgehoben.

Trotzdem am Ball bleiben

Bei Kindern, die aus Unlust nicht reagieren wollen, kann man die immer selbe Platte abspielen, bis sie aufgeben:
Gegen welche Regel hast du gerade verstoßen? Gegen ....? usw.
Man klebt sozusagen wie ein pädagogischer Kaugummi an ihnen und lässt sie aus der Nummer einfach nicht mehr raus.

Ein langer pädagogischer Atem zahlt sich immer aus, denn alle merken, dass da eine Lehrkraft am Werke ist, die es ernst meint und einfach dranbleibt.

Ausblick

Ich wünsche Ihnen nach der Lektüre viele inspirierende Ideen für alle kommenden pädagogischen Herausforderungen. Probieren Sie bitte verschiedene Interventionstechniken aus, entwickeln Sie eine neue, positive Sichtweise auf Regelbrüche, legen Sie Scheu oder Angst davor ab und gehen Sie ganz bewusst, ruhig, überlegt, offen und achtsam in Konflikte hinein.

Damit helfen Sie sich und den Kindern enorm und eröffnen Schülerinnen und Schülern äußerst wichtige soziale Lernfelder, an denen die Kinder wachsen können. Verstehen Sie Kinder, aber seien Sie trotzdem nicht mit allem einverstanden. Reagieren Sie auf Kleines, damit Großes gar nicht erst passiert.

Zeigen Sie, wenn nötig, den nötigen Biss und scheuen Sie bitte keine Konfliktsituationen. Werden Sie proaktiv, wenn es um Regelbrüche geht, probieren Sie sich aus und schauen Sie, was am besten wirkt und zu Ihnen passt. Verändern Sie öfter mal ihre Reaktionsmuster und Perspektive, damit das Thema Regelarbeit spannend für alle bleibt. Nichts ist langweiliger als Routinen, die sich mit den Jahren abnutzen.

Und nehmen Sie bitte die soziale Kompetenzbildung der Kinder mit auf Ihre tägliche Agenda. Eröffnen Sie Lernfelder dort, wo sie benötigt werden. Packen Sie es einfach an und belohnen Sie sich auch mit den Früchten Ihrer Präventionsarbeit. Ich garantiere eine reiche Ernte.

Wir alle wachsen an unseren Herausforderungen und Aufgaben. Für Ihren persönlichen Wachstumsprozess wünsche ich Ihnen viel Energie und Kraft sowie den notwendigen pädagogisch langen Atem.

Literaturliste

Erb, Helmut H.: Gewalt in der Schule. Ueberreuter 2007

Lohmann, Gert: Mit Schülern klarkommen. Professioneller Umgang mit Unterrichtsstörungen und Disziplinkonflikten. Cornesen Scriptor 2011

Novara, Daniele/Di Chio, Caterina: Gut streiten will gelernt sein! Schülerkonflikte verstehen und erfolgreich managen. AOL-Verlag 2016

Olweus, Dan: Gewalt in der Schule. Was Lehrer und Eltern wissen sollten – und tun können. Verlag Hans Huber 2002

Rosenberg, Marshall: Gewaltfreie Kommunikation. Eine Sprache des Lebens. Junfermann 2004

Walker, Jamie: Gewaltfreier Umgang mit Konflikten in der Sekundarstufe I. Spiele und Übungen. Cornelsen Scriptor 1995